अनमोल लम्हे

(संस्मरण)

डॉ. रेनू सक्सेना

पूर्व प्रधानाचार्य
रा. बा. इ. का., पीलीभीत

Title   : Anmol Lamhe

Author   : Dr. Renu Sexena

Edition   : First (December, 2024)

ISBN   : 9789348332172

Published by

PRACHI
DIGITAL PUBLICATION

Regd. Add.: 254, Khuriyakhatta No. 10, Bindukhatta,
Lalkuan, Nainital - 262402, Uttarakhand, India
Website : www.prachidigital.com
E-mail : info@prachidigital.in
Phone : +91 976041 7980, +91 976041 8103

Printed by :
Manipal Technologies Limited, Bengaluru - 560001, Karnataka

अनुक्रमणिका

क्र.सं.	शीर्षक	पृष्ठ सं0
1	आरती	5
2	समर्पण	6
3	कण-कण है मुस्काया	8
4	प्रथम दर्शन व नामदान प्राप्ति का सुअवसर	11
5	स्वामी जी का शुभागमन हमारे घर पर	15
6	पीलीभीत में मेरे पिता पर अपार दया	19
7	मथुरा आश्रम पर प्रथम गमन	22
8	मथुरा आश्रम पर खाई तथा तालाब पाटने की सेवा	24
9	मथुरा आश्रम पर सेवा कार्य	26
10	पीलीभीत आगमन	28
11	कुंडा प्रतापगढ़ गुरु पूर्णिमा कार्यक्रम	30
12	निगोहा रायबरेली में भूमि जोतक कार्यक्रम	32
13	बनारस गंगा की रेती पर कार्यक्रम	39
14	प्रयागराज कार्यक्रम वर्ष 1996	43
15	प्रयागराज (इलाहाबाद) संगम स्थल पर कार्यक्रम	45
16	नैमिषारण्य में गुरु पूर्णिमा कार्यक्रम	47

17	बीसलपुर, पीलीभीत में कार्यक्रम	51
18	कारवां काफिला	53
19	फैजाबाद अयोध्या कार्यक्रम	57
20	कानपुर कार्यक्रम	60
21	लखनऊ कार्यक्रम	63
22	बदायूं में कार्यक्रम	67
23	पीलीभीत रेलवे कालोनी में कार्यक्रम	70
24	स्वामी जी की अपार दया	75
25	डॉ. जवाहर लाल शर्मा जी की पुस्तक के कुछ अंश	78
26	गुरु रक्षा हरदम संग वार्षिक भंडारा कार्यक्रम	83
27	जीवन दान	87
28	अद्भुत कृपा	89
29	प्रार्थना – 01	90
30	प्रार्थना – 02	91
31	प्रार्थना – 03	92
32	प्रार्थना – 04	93

आरती

आरति जय गुरुदेव अनामी, आरति जय गुरुदेव अनामी।

करियो कृपा दरसन दियो स्वामी। आरति जय गुरुदेव अनामी।

मैं मूरख क्रोधी खल कामी, लोभी निपट मोह मद सानी।

सेवा भक्ति न जानी। आरति ....

दया धर्म चित नहीं समाये, शील, क्षमा, सन्तोष न आये।

विरह विवेक हिरानी। आरति ....

चितवत पंथ रह्यो दिन राती, तुमहि देख सीतल भई छाती।

हे प्रभु अंतर्यामी। आरति ....

आरति जय गुरुदेव अनामी 2 करियो कृपा दरसन दियो स्वामी।

आरति .... । जयगुरुदेव

समर्पण

परमपूज्य दाता दयाल समर्थ स्वामी बाबा जयगुरुदेव जी महाराज के परम पावन चरणों में कोटि-कोटि प्रणाम करते हुए, मैं यह संस्मरण आप सबके समक्ष प्रस्तुत कर रही हूं तथा मालिक से करबद्ध निवेदन करती हूं, कि मुझसे लिखने में कोई त्रुटि हो गई हो, तो मुझे क्षमा करें।

प्रस्तुत कृति को लिखने का मेरा उद्देश्य प्रशस्ति अथवा धनेच्छा कदापि नहीं है।

मेरा ध्येय केवल उन क्षणों का स्मरण कर, जिनमें मालिक की दया से स्थान-स्थान पर आयोजित, स्वामी जी के कार्यक्रमों में मुझे सपरिवार सम्मिलित होने का अवसर मिला तथा मथुरा आश्रम, पीलीभीत तथा विभिन्न स्थानों पर स्वामी जी के दर्शन व आगमन से प्राप्त दया के अवसर व अनुभवों को लिपिबद्ध कर, सत्संगी भाइयों व बहनों के समक्ष प्रस्तुत करना है, जिससे जिन सत्संगी भाई बहनों को इन कार्यक्रमों में सम्मिलित होने का सौभाग्य स्वामी जी की कृपा से मिल पाया, वे उन दिवसों व सत्संग का स्मरण कर आत्मिक रूप से आनंदित हो सके तथा जो भाई-बहन किसी कारणवश कार्यक्रमों में शामिल नहीं हो पाये, उन्हें भी उन कार्यक्रमों की झलक मिल सके।

प्रत्येक सत्संगी को इन कार्यक्रमों में भिन्न-भिन्न प्रकार के अनुभव स्वामी जी के समीप रहकर हुए होंगे, मैंने जो कुछ अनुभव किया, उसको केवल सतही तौर पर अंकित कर पाई हूं। मन व आत्मिक रूप से प्राप्त सुखानुभव को शब्दों के द्वारा पूर्ण रूप से व्यक्त नहीं किया जा सकता क्योंकि आत्मानंद तो गूंगे का गुड़ होता है, जो प्राप्त करता है वही जान सकता है।

प्रस्तुत समस्त अवसरों की घटनाओं को स्मरण करके लिखा गया है अतः थोड़ा बहुत हेर-फेर हो सकता है, जिसके लिए मैं करबद्ध हो क्षमा प्रार्थी हूं।

संस्मरण को व्यवस्थित रूप प्रदान करने तथा विभिन्न अवसर पर स्वामी जी महाराज की दया व अन्य घटनाओं को स्मरण दिलाने में मेरी मां श्रीमती माया

सक्सेना, चाचा स्व0 जयस्वरूप जी, चाची श्रीमती पंकज सक्सेना, बहनों डॉ. नीरु सक्सेना, मीनू सक्सेना, अंजू सक्सेना, बहनोई श्री संजीव सक्सेना, भाइयों मुकेश सक्सेना, मनोज सक्सेना, साकेत सक्सेना, वरुण सक्सेना, तरुण सक्सेना, भाभियों अनुराधा, लक्ष्य, सुहानी तथा, बच्चों आद्या, अगम व अन्य सभी छोटे बच्चों का पूर्ण सहयोग रहा है क्योंकि अवसरानुसार सभी मालिक के कार्यक्रमों में सम्मिलित होकर दया का अनुभव करते थे। स्वामी जी की अपार दया का हाथ सभी पर रहा है, अत: मालिक से मेरी करबद्ध प्रार्थना है कि सभी पर अपनी अपार दया दृष्टि सदैव बनाए रखें।

परमपूज्य स्वामी जी के चरण कमलों में नतमस्तक हो मेरा यही निवेदन है कि अज्ञानतावश मुझसे लिखने में कोई त्रुटि हो गई हो, तो मालिक मुझे क्षमा कर दें तथा सदा अपनी दया दृष्टि बनाए रखें।

डॉ. रेनू सक्सेना
पूर्व प्रधानाचार्य रा0 बा0 इ0 कालेज, पीलीभीत

कण-कण है मुस्काया

अनाम लोक से धारा उतरी,

सतगुरु देह धर आई,

समरथ स्वामी पाए हमने,

प्रभु ने दया दिखाई

परमपिता के प्यारे तुम, आकर सद मार्ग सुझाया।

मालिक तेरीअकथ कृपा पर कण कण है मुस्काया।

गुरु वाणी बन गई सहारा,

दिव्य प्रकाश बिखरता है ।

सबने जय गुरुदेव पुकारा,

मुक्ति पंथ अब खुलता है ।

भवसागर पार कराने को, नाम जहाज लगाया ।

मालिक तेरी अकथ कृपा पर, कण-कण है मुस्काया ।

हम पतितों के तारन कारन

गुरु यह मेहनत करते हैं

प्रेम अलौकिक है यह उनका,

जो नित हम में भरते हैं ।

वस्तु अमोलक दी मेरे सतगुरु, किरपा कर अपनाया ।

मालिक तेरी अकथ कृपा पर, कण-कण है मुस्काया ।

आशा लहर उमड़ती जाती,

निर्बल जन निश्शंक हुए ।

हुई प्रकाशित ज्ञान की बाती,

दुखी हृदय सब तृप्त हुए ।

बजा बिगुल दूरदर्शी का, अलख प्रकाश फैलाया ।

मालिक तेरीअकथ कृपा पर कण-कण है मुस्काया ।

कलयुग काजल में डूबे,

पतितों का उद्धार किया ।

भूमि जोतक बना संगठन,

सतयुग को आधार दिया ।

गुरु देव बुलाते हैं सबको, दयाल रुप दिखलाया ।

मालिक तेरीअकथ कृपा पर, कण-कण है मुस्काया ।

पाकर तेरा आश्रय सतगुरु,

पार उतर ही जाएंगे।

विश्वास हमारा अडिग रहे,

सुरत जगा हम पाएंगे।

पतवार तुम्हारे हाथों में, हो जाएगी कंचन काया।

मालिक तेरीअकथ कृपा पर, कण-कण है मुस्काया।

भावों का सागर उमड़ चला,

नाम शब्द मन भाया।

गुरु किरपा का जल यूं बरसा,

रोम रोम सरसाया।

दादा गुरु को नमन करोड़ों, जग उद्धार कराया।

मालिक तेरीअकथ कृपा पर कण-कण है मुस्काया।

डॉ. रेनू सक्सेना

प्रथम दर्शन व नामदान प्राप्ति का सुअवसर

परम पूज्य दाता दयाल समरथ स्वामी जी महाराज बाबा जयगुरुदेव, के परम ज्योतित पावन चरणों में कोटि-कोटि नमन करते हुए मैं अपनी लेखनी से उन अलौकिक पावन चरणों का स्मरण कर लिपिबद्ध करने का प्रयास कर रही हूं, जो परम पूज्य स्वामी जी के दर्शन के समय हमें प्राप्त हुए। जीवन के वे क्षण अविस्मरणीय हैं उनका अनुभव शब्दों में वर्णित नहीं किया जा सकता। स्वामी जी महाराज की अपार दया मेहर निरंतर हम सब पर बनी रहे, मेरी लेखनी में सामर्थ्य बनी रहे, व मेरी त्रुटियों को मालिक क्षमा करें ऐसी मेरी विनम्र प्रार्थना है

परम दयाल स्वामी जी के प्रथम दर्शन का सौभाग्य हमें सन 1972 में मिला। मेरे स्वर्गीय पिता श्रद्धेय श्री कृष्ण स्वरूप सक्सेना जी को आध्यात्मिक व धार्मिक

संस्कार विरासत में मिले थे। मेरे परबाबा स्व0 श्री सेवती प्रसाद जी सत्संगी व नामदानी व्यक्ति थे, उनके प्रभाव की झलक मेरे पिता के मन में भी हिलोरें मारती थी, इसी के फल स्वरूप उन्हें सदा श्रेष्ठ महात्माओं की खोज रहती थी किंतु किसी भी महात्मा या साधु सन्यासी के संपर्क में आने पर, अच्छी तरह परख कर ही वह उनके संपर्क में जाना पसंद करते थे।

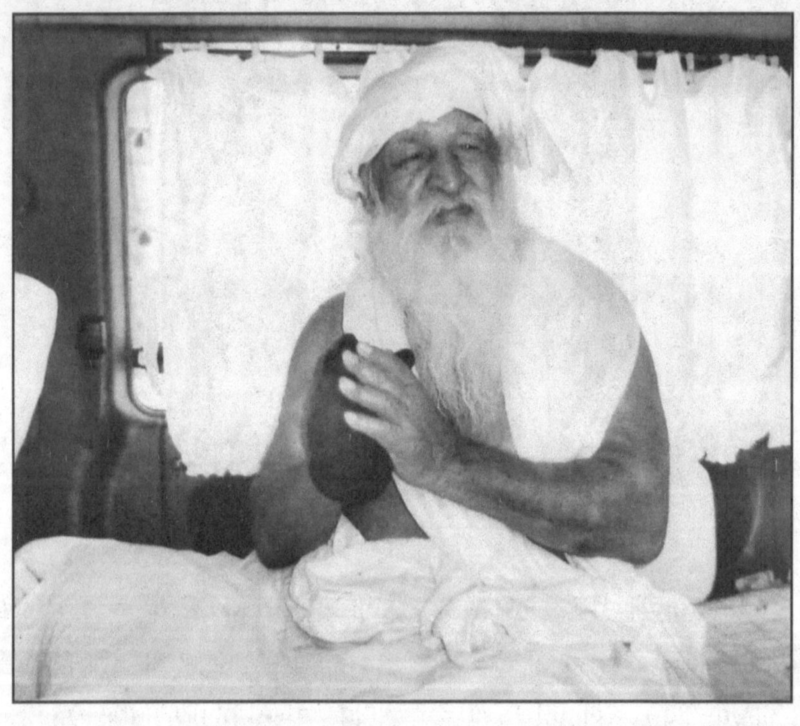

सन् 1972 माह नवंबर में मेरे चाचा स्वर्गीय श्री पीतांबर स्वरूप सक्सेना जो पहले पीलीभीत की शुगर मिल में सर्विस करते थे, बाद में लखनऊ चले गए थे। उन्हें अपने मित्र से ज्ञात हुआ कि पीलीभीत में एक महात्मा जी आने वाले हैं, जो "जय गुरुदेव" नाम का प्रचार करते हैं। चाचा ने अपने बड़े भाई अर्थात मेरे पिता को बताया, तो वह वहां जाने के लिए तुरंत ही तैयार हो गए तथा मां श्रीमती माया सक्सेना, व हम बच्चों से कहा कि पहले हम महात्मा जी के दर्शन करके आते हैं फिर तुम लोग भी

सत्संग सुन आना। पापा वहां गए, लौटकर हम लोगों से कहा कि महात्मा जी बहुत पहुंचे हुए लगते हैं, तुम सब लोग सत्संग में चलना। शाम को हम सब लोग सत्संग में गए। सुरक्षा की भावना से हमारे बाबा व दादी घर पर ही रुक गये।

सत्संग मैदान में अपार भीड़ थी। सभी की आंखें महात्मा जी के दर्शन को उत्सुक थीं। मंच पर पहुंचते ही उनके व्यक्तित्व से ऐसी दिव्य ज्योति प्रकाशित होती हुई दिखाई दी, जिसे देखकर हम मंत्र मुग्ध हो गए। मंच पर बिखरती दिव्यता का वर्णन नहीं किया जा सकता। स्वामी जी ने काफी देर तक सत्संग सुनाया। उस समय के सत्संग के वचन पूरी तरह तो याद नहीं है पर इतना अवश्य याद है कि उन्होंने कहा– "बच्चों तोड़फोड़ आंदोलन मत करना, देश की संपत्ति को नष्ट मत करना, सभी शाकाहारी रहना तथा कोई नशा मत करना।"

मंच पर स्वामी जी विराजमान थे, तभी एकाएक कई लड़के जो संभवत आयुर्वैदिक कॉलेज के छात्र थे। मंच पर चढ़ आए और स्वामी जी के निकट जाने लगे। उनकी नीयत कुछ अच्छी नहीं लग रही थी। एकाएक स्वामी जी खड़े हो गए और दोनों हाथ फैलाकर लड़कों को पीछे की तरफ धकेल दिया और तेजी से मंच से नीचे उतरे तथा कार में बैठकर उस स्थान पर चले गए, जहां उनके रहने व विश्राम की व्यवस्था की गई थी। यह सारी घटना इतनी तीव्रता से हुई कि हम लोग जब तक समझ पाते, तब तक स्वामी जी जा चुके थे। जिस समय स्वामी जी ने दोनों हाथ फैलाकर लड़कों को हटाया, उस समय ऐसा लगा जैसे स्वामी जी का कद काफी लंबा व रूप भव्य हो गया हो। इस बात को केवल मैंने ही नहीं अपितु परिवार तथा साथ के सभी लोगों ने अनुभव किया। उस दिन सत्संग के मध्य स्वामी जी ने मंच पर से हम सभी के ऊपर मीठी खीले बिखेरी, जिसे सभी ने लूटा और प्रसाद के रूप में खाया तथा साथ में घर भी ले गए।

सारी भीड़ धीरे–धीरे चली गई। हम लोग वहीं रुक रहे, मालूम हुआ कि स्वामी जी नाम दान (परमात्मा से मिलने का मार्ग) देने के लिए आ रहे हैं। जिनको नाम दान लेना हो, वह रुक जाएं। उस समय नामदान बड़े ऊंचे मंच से नहीं मिलता था, कम

लोग नामदान लेने वाले होते थे, अतः तख्त डालकर ही छोटा सा मंच बना दिया गया और चारों ओर कनातें लगाकर पर्दा कर दिया गया। थोड़ी ही देर में स्वामी जी आकर उस छोटे से मंच पर विराजमान हो गए। तख्त के चारों ओर हम लोग बैठ गए। मेरे परिवार के सभी लोग थे। बाबा और दादी घर पर रुके थे। हम सब ने नाम दान लिया। स्वामी जी ने बहुत अच्छी तरह समझा-समझा कर नामदान दिया। उन दिनों स्वामी जी की अपार दया की बरसात हो रही थी। साधना बहुत अच्छी तरह से होती थी। हमारा भी बालमन था, अतः उत्साह भी बहुत था। मन लगाकर सुमिरन, ध्यान भजन हम सभी करते थे।

उन्हीं दिनों अचानक एक वज्रपात हमारे परिवार को झेलना पड़ा। मेरे पितामह (बाबा) श्री विशन स्वरूप जी, जो हम लोगों को स्वामी जी के सत्संग में भेजने की वजह से स्वामी जी के दर्शन को भी ना जा सके थे, उनका हृदयाघात से मात्र 15-20 दिन बाद ही आकस्मिक निधन हो गया। जिससे हमारा पूरा परिवार हिल सा गया। पिता जो पूरी तरह से पितामह पर आश्रित थे, इस वज्रपात से उबर नहीं पा रहे थे। हम सब भी सहम गए थे। दादी श्रीमती नंद रानी जी का रो-रो कर बुरा हाल था। मुसीबत के दिनों में हम सब बच्चे ही उनका सहारा थे। मालिक की कृपा हमारे साथ थी।

स्वामी जी का शुभागमन हमारे घर पर

इसके बाद प्रति वर्ष स्वामी जी का शुभागमन पीलीभीत में होता रहा। सर्वप्रथम स्वामी जी डाक्टर हरीश सरन दास जी के घर पर तथा बाद में पीलीभीत शुगर फैक्ट्री में निवास करने वाले श्री आनंद बहादुर सक्सेना जी के घर पर रात्रि विश्राम करते थे। डॉ. साहब व सक्सेना जी हमारे निकट के रिश्तेदार व मेरे चाचा के घनिष्ठ मित्र थे, हमारा उनके यहां अच्छा आना-जाना था, इस कारण जब स्वामी जी का आगमन पीलीभीत में होता था, तो हम वहां पहुंचकर स्वामी जी का स्वागत वंदन करते थे।

स्वामी जी से नाम दान लेकर हमारा पूरा परिवार शाकाहारी हो गया था। मेरे पापा की तीव्र इच्छा थी कि स्वामी जी के चरण हमारे घर में भी पड़ जाएं। उन्होंने अपनी इच्छा श्री आनंद बहादुर सक्सेना जी के सामने व्यक्त की। उन्होंने कहा कि, आपकी बात हम स्वामी जी के समक्ष रखेंगे। स्वामी जी के समक्ष उन्होंने यह बात किस प्रकार रखी, हम नहीं जानते, पर इतना अवश्य याद है कि पापा ने जब घर

आकर बताया कि कल स्वामी जी अपने घर आकर दर्शन देंगे, तो हम सबकी खुशी का ठिकाना ना रहा और परिवार के सभी लोग स्वागत की तैयारी में जुट गए।

अगले दिन दिनांक 24 अक्टूबर 1973 को स्वामी जी की गाड़ी तथा साथ में कुछ और गाड़ियां हमारे बाग में आकर रुकीं। हमें अपनी आंखों पर विश्वास नहीं हो रहा था कि स्वामी जी वास्तव में आ गए हैं या हम स्वप्न देख रहे हैं। पापा स्वामी जी को उस कमरे में ले गए। जहां विश्राम हेतु व्यवस्था की गई थी।

घर के सबसे बड़े हॉलनुमा कमरे में दरी बिछाई गई थी तथा बीच में स्वामी जी के विश्राम हेतु एक तख्त पर गद्दा डालकर चादर बिछाई गई थी। स्वामी जी आकर तख्त पर बैठ गए।

हमारे ताऊजी श्री धीरेंद्र सहाय उन दिनों उत्तर प्रदेश सरकार में कृषि राज्य मंत्री थे। स्वामी जी के दर्शन हेतु घर पर आए। मेरे पिता उन्हें स्वामी जी के दर्शन करवाने हेतु कमरे में लाए। वह स्वामी जी के सामने के स्थान पर नीचे बिछी दरी पर बैठ गए। स्वामी जी ने काफी देर तक उन्हें वार्तालाप का अवसर दिया तथा बड़े प्रेम से उनकी जिज्ञासा को शांत किया।

स्वामी जी का भोजन बनाने के लिए मेरे पिता ने अम्मा (दादी) से कहा। अम्मा

ने बड़ी श्रद्धा से बिजड़ी (चना और गेहूं का मिश्रित आटा) की रोटी, सरसों का साग और खीर बनाई। जिसे स्वामी जी ने बड़े ही प्रेम से खाकर हम सबको धन्य कर दिया।

उस दिन स्वामी जी काफी समय तक हमारे घर पर रहे और बीच बीच में बगीचे में टहलते रहे। मेरे पिता तथा अन्य सत्संगी भाइयों के साथ फोटो भी खिंचवाए। जो आज भी हमारे पास हैं तथा उस अलौकिक अविस्मरणीय दिन की याद दिलाते हैं, जब स्वामी जी के परम पावन चरणों ने हमारे घर की धरा को पावन व धन्य कर दिया।

स्वामी जी काफी समय तक हमारे घर पर रुके। जाते समय हम सबके सिर पर हाथ रखकर दया की बरसात की। फिर मेरे पापा तथा श्री आनंद बहादुर सक्सेना जी के साथ मालिक की कार गन्तव्य स्थल की ओर चली गई। इसके पश्चात प्रत्येक वर्ष स्वामी जी का आगमन पीलीभीत में होता रहा। हम सब वहां पहुंच कर दर्शन करते व सत्संग सुनते थे। स्वामी जी की अपार दया हम सब पर थी।

दिनांक 1 दिसंबर 1990 में एक भयानक वज्र पात के रूप में मेरे पिता का हृदयाघात से आकस्मिक निधन हो गया। हमारा पूरा परिवार बिखर गया। सभी भाई बहन छोटे थे और मां बहुत सीधी। जीवन की गति जैसे ठहर सी गई थी। हम समझ नहीं पा रहे थे कि पिता के बिना हम कैसे जी पाएंगे। उन्हीं दिनों सूचना मिली कि स्वामी जी पीलीभीत आने वाले हैं। हमें आशा की किरण नजर आई। जिस दिन स्वामी जी का शुभागमन पीलीभीत में होना था, हम लोग नगर की शुगर फैक्ट्री निवासी प्रमुख सत्संगी श्री आनंद बाबू सक्सेना जी के घर जाने हेतु निकले। हम उनके घर से कुछ दूरी पर रास्ते में थे, तभी स्वामी जी खुली जीप में बैठकर आते हुए दिखाई दिए। मां के साथ मैं तथा भाई बहनें सड़क के किनारे खड़े हो गए, तभी स्वामी जी की गाड़ी पास आ गई। हम लोगों ने हाथ जोड़ लिए। तब हम लोगों को देखकर स्वामी जी जोर से हंसे। उस क्षण हमें ऐसा लगा जैसे हमारे सिर से बहुत भारी बोझ उतर गया हो।

हमारा पूरा परिवार गहरे सदमे में था। स्वामी जी की हंसी हमारी आत्मा को छू गई। हमें काफी राहत मिली। सांयकाल सत्संग मैदान में सत्संग हुआ। स्वामी जी ने काफी देर सत्संग सुनाया और हम लोगों ने आगे बैठकर सत्संग सुना।

पीलीभीत में मेरे पिता पर अपार दया

9-10-11 नवम्बर 1972 को स्वामी जी का शुभागमन पीलीभीत में हुआ। कार्यक्रम के पश्चात पीलीभीत से उत्तर दिशा में स्थित मझोला होते हुए खटीमा उत्तराखंड जाने की स्वामी जी की मौज हुई। मेरे पिता स्वर्गीय डॉक्टर कृष्ण स्वरूप, जो पीलीभीत के ख्याति लब्ध फोटोग्राफर भी थे, कैमरा लेकर स्वामी जी के साथ–साथ बाइक से चल रहे थे, जिससे स्वामी जी का बहुत अच्छा सा फोटो खींचने का

मौका मिल जाए, किंतु सत्संगियों की भीड़ के कारण स्वामी जी का अच्छा सा अकेला फोटो नहीं खींच पा रहे थे, लेकिन प्रयास निरंतर जारी था।

स्वामी जी की गाड़ी जब मझोला की तरफ बढ़ी, तो मेरे पापा ने भी अपनी बाइक साथ-साथ लगा दी। मझोला के आगे खटीमा मार्ग पर स्वामी जी ने अपनी गाड़ी रुकवा दी। साथ चलने वाली गाड़ियां भी रुक गईं। स्वामी जी गाड़ी से बाहर निकल कर बोले, यह फोटोग्राफर मानेगा नहीं। चलो खेत में चलते हैं। सरसों के खेत में एक सूखा लकड़ी का लट्ठा पड़ा था, स्वामी जी उस लट्ठे पर बैठ गए। अन्य सत्संगी दूर ही खड़े हो गए। फिर स्वामी जी ने मेरे पापा को पास बुलाकर अपने कई फोटो खिंचवाए–जिसमें एक फोटो बहुत अच्छा था, जिसकी अनेक बड़ी-बड़ी कॉपियां पापा ने बनवाईं और सत्संगियों को बांटीं। हमारे पास आज भी वह फोटो गुरु और शिष्य के अनोखे प्रेम की यादगार स्वरूप मौजूद है।

उस समय मोबाइल का चलन नहीं था। ब्लैक एंड व्हाइट कैमरे से ही फोटो खींचे

जाते थे, इसलिए वह फोटो ब्लैक एंड व्हाइट ही बन पाया। बाद में हाथ से कलर किया गया। यदि आजकल जैसे डिजिटल कैमरे या मोबाइल फोन होते, तो उस समय का खींचा गया फोटो अद्भुत होता, लेकिन मालिक का फोटो है, तो अद्भुत तो अब भी है।

मथुरा आश्रम पर प्रथम गमन

सन 1992 में मुझे सिविल डिफेंस की ट्रेनिंग हेतु 01 महीने के लिए लखनऊ जाना पड़ा। इसी बीच श्री आनंद बाबू सक्सेना जी के द्वारा प्रेरित करने पर मेरी मां, बड़ी बहन डॉक्टर नीरू, व छोटा भाई साकेत साधना शिविर कार्यक्रम में भाग लेने हेतु मथुरा आश्रम पर पहली बार पहुंचे। पहले गुरु पूर्णिमा कार्यक्रम के बाद एक सप्ताह या 15 दिनों का साधना शिविर लगता था–जिसमें स्वामी जी उच्च कोटि का आध्यात्मिक सत्संग खूब समझा–समझा कर करते थे और नामदान देकर सुमिरन, ध्यान, भजन करवाते थे।

मेरे लखनऊ से लौटने के बाद, उन लोगों के द्वारा मथुरा आश्रम का सारा हाल सुनने को मिला। सुनकर मन गदगद हो गया। हम भी मथुरा आश्रम जाने के लिए लालायित हो उठे।

दिसंबर माह में दादा गुरु का भंडारा पर्व स्वामी जी मनाते थे। अगहन की दशमी को परम पूज्य दादा गुरु की पुण्यतिथि पर भंडारा कार्यक्रम होता था। मां के साथ हम भाई बहनों को भी सन 1992 दिसम्बर माह में भंडारा कार्यक्रम में जाने का

सौभाग्य मिला। उन दिनों का नजारा कुछ अलग ही था। मंदिर में रात 12:00 बजे से ही नहा धोकर पूजन करने वालों की कतारें लग जाती थी। कतारें कितनी लंबी होती थी, अनुमान लगाना ही मुश्किल होता था, पर भीषण ठंड में नंगे पैर कतार में खड़े होकर मंदिर में पहुंचने वालों की भक्ति देखते ही बनती थी। मंदिर का निर्माण कार्य निरंतर चल रहा था। मुख्य गुंबद काफी ऊंचा है, जिसमें बांसों के पाड़ बांधकर सेवादार कार्य कर रहे थे। हम लोग भी छोटी-मोटी सेवा कर लिया करते थे। स्वामी जी स्वयं गुंबद के ऊपर तक निरीक्षण किया करते थे तथा प्रत्येक कमी को स्वयं ठीक करवाते थे। मेरा छोटा भाई साकेत व उसका मित्र विवेक भी बल्लियों के पाड़ के सहारे सबसे ऊंचे गुंबद तक पहुंच गए। यह भी मालिक की ही अपार दया थी।

इसके बाद प्रतिवर्ष लगभग चार बार हमारा मथुरा आश्रम पर जाना हो जाया करता था। जितने भी दिन हम वहां ठहरते थे, प्रतिदिन कई-कई बार स्वामी जी के दर्शन करते थे। जैसे ही हमें यह जानकारी होती, कि स्वामी जी दर्शन दे रहे हैं। हम भाग कर वहां पहुंच जाते और स्वामी जी के दर्शन करते। मालिक के दर्शन दीदार करवाने तथा मथुरा आश्रम ले जाने में पीलीभीत के प्रमुख सत्संगी श्री आनंद बाबू सक्सेना जी तथा स्वर्गीय डॉक्टर हरीश शरण दास जी जो रिश्ते में हमारे नाना जी लगते थे और हमारे पिता के परम मित्र भी थे, का मुख्य योगदान रहा है, इसके लिए हम उनके सदा आभारी रहेंगे।

मथुरा आश्रम पर खाई तथा
तालाब पाटने की सेवा

मथुरा आश्रम पर दिन और रात में ढाई–तीन बजे से सेवा कार्य चलता था। स्वामी जी सेवा स्थल पर मौजूद रहकर सभी पर दया की बरसात करते थे। अनेक बार हमें भी सेवा करने का अवसर मिला। एक बार मंदिर के पीछे सत्संग मैदान की तरफ स्थित एक विशाल खांई, (जिसकी मिट्टी मंदिर के भराव हेतु प्रयुक्त की गई थी) को फिर से पाटने का कार्य चल रहा था।

मंदिर के दाहिनी ओर की पानी की टंकी के पास से सभी सेवादार डलियों–परातों में मिट्टी भर–भर कर ला रहे थे। हम लोग मां माया सक्सेना व भाई, बहनें सेवा करने पहुंच गए। डलियों में मिट्टी के वजन को देखकर लग रहा था कि इतना भार हम नहीं उठा पाएंगे, परंतु जब साथ के लोगों ने मिट्टी भरी डलिया उठाकर मेरे सिर पर रखी, तो लगा कि हम तो आराम से उठा ले जाएंगे। यह सब स्वामी जी की दया का प्रताप ही था कि हमने अनेक बार मिट्टी खांई तक पहुंचाई। सबसे खुशी की

बात यह थी कि स्वामी जी खाई के पास ही कुर्सी पर बैठे थे और हम सब पर दया दृष्टि डाल रहे थे। एक बार डलिया सिर से उतार कर खाई में मिट्टी डालते समय मेरा पैर लड़खड़ा गया और डलिया मिट्टी सहित खाई में गिर पड़ी। मैंने स्वयं को संभाल लिया, पर वहां खड़े किसी जिम्मेदार सत्संगी ने डांट लगाई कि सही से काम नहीं कर मिलता है। मैंने चुपचाप डलिया उठाई और एक ओर रखकर स्वामी जी की कुर्सी के निकट जाकर प्रणाम किया। स्वामी जी ने हाथ उठाकर अपनी अपार दया मेहर से मेरे मन के भय को दूर कर दिया।

मेरा छोटा भाई साकेत भी साथ में सेवा कर रहा था। उसके कंधे में काफी समय से तेज दर्द था। उसने डलिया में मिट्टी भरने वाले लोगों से कहा कि भैया मेरे पल्ले में कम मिट्टी देना, मेरे कंधे में दर्द है। तभी अचानक स्वामी जी की कार वहां पहुंच गई। स्वामी जी कार से उतरे और मिट्टी भर रहे लोगों से कहा कि इतनी कम मिट्टी क्यों भरी है? खूब ठूंस कर भरो। मेरे भाई के पल्ले में भी खूब मिट्टी भर दी गई। जब उसने पल्ला सर पर रखा, तो चलना मुश्किल था। जैसे-तैसे उसने मिट्टी पहुंचाई, लेकिन तीन-चार पल्ले डालने के बाद उसने बताया, कि एकाएक गर्दन की नस चट से बोली और उसके कंधे का दर्द गायब हो गया। मालिक की लीला मालिक ही जानें। ना जाने कितनों की बीमारियां सेवा करवा कर स्वामी जी ने दूर कर दी होंगी।

एक बार आश्रम के अंदर पीछे की तरफ तालाब को पाटने का काम चल रहा था। रात में 2:30 बजे सेवा का घंटा बजा। दशहरे का समय था। हम लोग मां, बहनें तथा छोटा भाई आश्रम में लगे टेंट में ही रुके थे। उस समय आश्रम परिसर में रुकने वाले सभी लोगों को रात की परमार्थी सेवा में अवश्य जाना पड़ता था, अत: सेवादार डंडा फटकार कर एक-एक व्यक्ति को सेवा स्थान पर ले जाते थे। नींद को दूर भगाकर हम लोग भी सेवा स्थल पर पहुंच गए। वहां जाकर अजब नजारा देखने को मिला। हजारों स्त्री-पुरुष हाथों में मिट्टी का पल्ला भरकर ले जा रहे थे। पास ही स्वामी जी की कार खड़ी हुई थी और गेट खोलकर स्वामी जी हम सभी पर दया की बरसात कर रहे थे।

मथुरा आश्रम पर सेवा कार्य

एक बार मथुरा आश्रम पर सत्संग मैदान को समतल करने का कार्य चल रहा था। किसी कार्यक्रम का समय न होने के कारण सत्संग मैदान में भी कोई ना कोई फसल बो दी जाती थी। उसी के काटने के बाद जो जड़ें मिट्टी में रह जाती थी, उन्हीं को ट्रैक्टर से निकाला जा रहा था।

हम लोग ट्रैक्टर के पीछे-पीछे उन जड़ों को पल्लों में भर-भर कर एक स्थान पर ले जाकर इकट्ठा कर रहे थे। उन दिनों सत्संग मैदान की पीछे वाली दीवार नहीं बनी थी। सड़क के किनारे स्वामी जी की वैन खड़ी थी।

वैन का पीछे का गेट खुला हुआ था और स्वामी जी आंखें बंद करके सीट पर लेटे हुए थे। वैन के बहुत करीब तो हम नहीं जा नहीं सकते थे, पर 50-60 कदम की दूरी से स्वामी जी को लेटे हुए देखा। पूछने पर मालूम हुआ कि स्वामी जी की तबीयत खराब है। हमारी आंखों में आंसू आ गए।

बहुत दुख हुआ, कि इतनी गर्मी में अस्वस्थ होते हुए भी स्वामी जी हम सबके

पास मौजूद हैं। स्वामी जी कभी बंद कमरे में आराम नहीं करते थे। जाड़ा, गर्मी, बरसात में भी सेवा के समय सदा उपस्थित रहते थे। मालिक ने कितनी अपार दया हम मलिन जन पर की है, मैं अपनी मंद बुद्धि से उसका बखान कैसे कर सकती हूं। मालिक से प्रार्थना है कि मेरी लेखनी में इतनी शक्ति भर देना कि, मैं घटनाओं को स्मरण कर लिख सकूं।

पीलीभीत आगमन

स्वामी जी जितनी बार पीलीभीत में आते, हम लोग श्री आनंद बाबू सक्सेना जी के घर पहुंच जाते और बिल्कुल निकट से स्वामी जी के दर्शन करते थे। स्वामी जी की नजरों से ऐसा तेज निकलता था, कि हम उनके सामने पहुंच कर भी एक शब्द बोलने की हिम्मत नहीं कर पाते थे।

स्वामी जी जब पीलीभीत आते थे, तो शुगर फैक्ट्री में आनंद बाबू सक्सेना जी के घर पर रात्रि विश्राम करते थे। वैसे तो मथुरा आश्रम से ही स्वामी जी का खाना बनाने वाले सत्संगी साथ ही चलते थे, पर कभी-कभी कुछ भोजन सक्सेना जी की धर्मपत्नी श्रीमती निर्मल सक्सेना जी (नानी) अपने हाथों से भी बनाया करती थीं। जिसे स्वामी जी बड़े चाव से ग्रहण करते थे। स्वामी जी भोजन में केवल एक रोटी बिजड़ी (चना व गेहूं मिश्रित आटा) की खाया करते थे कभी-कभी उनकी थाली का प्रसाद हम लोगों को भी मिल जाया करता था।

एक बार स्वामी जी जब पीलीभीत में पधारे, तो शुगर फैक्ट्री में सक्सेना जी के

यहां ही विश्राम किया। पीलीभीत में सत्संग कार्यक्रम करने के बाद पूरनपुर तहसील के गांव घुंघचाई में 16-4-93 को कार्यक्रम था। हम सब का बहुत मन था कि वहां भी पहुंचकर सत्संग सुनें, पर जाने की कोई व्यवस्था नहीं बन पा रही थी।

स्वामी जी के घुंघचाई जाने का समय निकट आता जा रहा था। हमने सोचा कि जाते समय हम कम से कम करीब से स्वामी जी के दर्शन तो कर ही लें, अतः हम, मां तथा भाई-बहन सभी सक्सेना जी के दरवाजे के बाहर पंक्तिबद्ध होकर बैठ गए। मैं सबसे आगे बैठी थी, तभी एकाएक दरवाजा खुला और स्वामी जी सामने खड़े थे। हम लोगों से मना कर दिया गया था कि कोई पैर नहीं छुएगा, पर स्वामी जी को देखते ही मेरे मुख से अनायास निकला कि स्वामी जी पैर छू लूं ? स्वामी जी ने एक पल मेरी ओर देखा और कहा- छू लो, मैंने लपक कर स्वामी जी के चरण स्पर्श कर लिए। स्वामी जी की अपार दया पाकर मेरा मन गदगद हो उठा। अन्य सब ने भी चरण स्पर्श किए। स्वामी जी ने सभी के सिर पर हाथ रखकर दया की।

स्वामी जी गाड़ी में बैठकर घुंघचाई चले गए। सभी गाड़ियां भी चली गईं। मेरी बहन नीरु को एक इन्टरव्यू देने शहर से बाहर जाने के कारण आने में देर हो गई जिससे उन्हें स्वामी जी के दर्शन नहीं हो सके अतः वह बहुत परेशान थीं। हम लोग उदास मन से घर वापस जाने लगे, तभी एकाएक डॉक्टर हरीश शरण दास जो मेरे पिता के घनिष्ठ मित्र थे और रिश्ते में हमारे नाना लगते थे, हमारे निकट आए और बोले कि हमारी कार में जगह है, तुम लोग अगर चलना चाहो तो चलो। खुशी के मारे हम लोग उछल पड़े और हमारे मुख से जय गुरुदेव निकल पड़ा। यह स्वामी जी की ही अपार कृपा थी, जो उन्होंने डॉक्टर साहब को हमारे पास भेज दिया, हम उनके साथ घुंघचाई पहुंचे और सत्संग सुनकर आत्म लाभ प्राप्त किया।

कुंडा प्रतापगढ़ गुरु पूर्णिमा कार्यक्रम

पहले स्वामी जी गुरु पूर्णिमा का कार्यक्रम मथुरा से बाहर किसी शहर में मनाया करते थे। 19 जुलाई से 24 जुलाई 1994 में गुरु पूर्णिमा कार्यक्रम कुंडा जिला प्रतापगढ़ उत्तर प्रदेश में हुआ। यह कार्यक्रम कुंडा जिला प्रतापगढ़ के गांव शेखुपुर आशिक में आयोजित हुआ। मां के साथ हम सभी भाई बहन डा0नीरू, मीनू, अन्जू, भाई मुकेश, साकेत, दीपक तथा चाचा स्व0जयस्वरूप जी का परिवार ट्रेन द्वारा कुंडा पहुंचे। आम का एक बहुत बड़ा और घना बाग था। पूछने पर पता चला कि, यह बाग सपा नेता रघुराज प्रताप सिंह उर्फ राजा भैया का था, जो काफी दबंग नेता रहे हैं। स्वामी जी ने अपने कार्यक्रम हेतु उनसे स्थान की मांग की। राजा भैया ने अपना आम का बाग कार्यक्रम हेतु देने की इच्छा स्वामी जी के समक्ष रखी। साथ ही यह भी बताया कि उस बाग में जगह तो बहुत है, किन्तु बाग में सांप बिच्छू, गोह आदि विषैले जीव-जंतु इतनी अधिक मात्रा में है कि लोग दिन में भी वहां जाने से कतराते हैं

मालिक की मौज मालिक ही जानें। स्वामी जी ने उस बाग को ही अपना कार्यक्रम स्थल बनाया। सत्संगियों ने बताया, कि कार्यक्रम की व्यवस्था से पूर्व स्वामी जी ने उस बाग में जाकर कहा कि इस बाग में रहने वाले जीवों, दूर-दूर प्रदेशों से मेरे बच्चे यहां आ रहे हैं। जब तक वे यहां रहें, उन्हें कोई नुकसान मत पहुंचाना।

जब हम लोग कुंडा सत्संग मैदान में पहुंचे, तो प्रथम सत्संग में ही स्वामी जी ने मंच से कहा-कि बच्चों इस बाग में बहुत से जहरीले जीव हैं, वे भी तुम्हारे साथ ही यहां रहेंगे, पर वह तुम्हें कोई नुकसान नहीं पहुंचाएंगे और ना ही तुम उन्हें कोई नुकसान पहुंचाना। हम लोगों ने अपनी आंखों से अनेक सांपों, बिच्छुओंतथा पेड़ों से झांकती हुई (विशाल तथा विषैली छिपकली) गोह को देखा। लाखों लोगों की भीड़ थी, पर किसी भी सत्संगी को उन्होंने नुकसान नहीं पहुंचाया।

चारों दिशाओं में स्वामी जी ने छोटे-छोटे मंच बनवाए थे। जिन पर एक-एक करके स्वामी जी स्वयं गए और समस्त सत्संगियों से चारों दिशाओं के देवताओं को सिर झुकाकर प्रणाम करवाया। बड़े मंच पर जाकर फिर स्वामी जी ने काफी देर तक सत्संग किया तथा नामदान दिया। हम लोग तीन-चार दिन कुंडा में टेंटों में रहे। एक दिन रात को बहुत तेज बरसात हुई। गर्मी काफी थी, अतः लड़के व पुरुष टेंट से बाहर खुले में बड़ी सी पॉलिथीन बिछाकर लेटे थे। बारिश आते ही वे सब, डॉक्टर हरीश शरण दास (नाना जी) चाचा श्री जयस्वरूप सक्सेना, भाई मुकेश, साकेत, वरुण, तरुण, व उनके मित्र दीपक वगैरह उसी पॉलिथीन के अंदर घुसकर लेट गए और ऊपर से तेज बारिश होती रही। डॉक्टर साहब और चाचा तो अब नहीं रहे, पर अन्य सभी उस दृश्य को स्मरण कर आज भी रोमांचित होते हैं। सारा कार्यक्रम बहुत अच्छी तरह संपन्न हुआ।

कुंडा से वापस आने पर जब हम लोगों ने अपनी चादर झाड़ीं, तो उनमें से अनेक छोटे-बड़े बिच्छू निकलकर गिर पड़े-जिन्हें देखकर हम सब सिहर उठे, पर यह मालिक की ही दया थी कि किसी का कुछ भी नुकसान नहीं हुआ

निगोहा रायबरेली में भूमि जोतक कार्यक्रम

7 जुलाई से 15 जुलाई सन 1995 निगोहा जिला रायबरेली में स्वामी जी ने भूमिजोतक किसानों का बहुत बड़ा कार्यक्रम आयोजित किया। हर जिले से सत्संगी काफिले के रूप में अपनी अपनी गाड़ियों से चल पड़े। पहले लखनऊ में रैली निकालनी थी–अतः हम लोग (मां श्रीमती माया सक्सेना बहनें, नीरू, मीनू, अंजू तथा भाई मुकेश, मनोज, साकेत तथा चाचा स्वर्गीय जय स्वरूप सक्सेना का परिवार भी जीप से लखनऊ जाने को तैयार हो गए। स्थानीय शुगर फैक्ट्री से रैली प्रारंभ होनी थी। पीलीभीत के प्रमुख सत्संगी श्री आनंद बहादुर सक्सेना का निवास स्थान वहीं था। हमारे परिवार के सभी लोग इस कार्यक्रम में भाग लेने जा रहे थे– अतः एक सिख भाई को घर पर रोक दिया था।

प्रातः ही हम जीप से फैक्ट्री पहुंच गए। सभी गाड़ियां पंक्ति में लगा दी गई। समय होने पर सभी सत्संगियों ने जोर से जय गुरुदेव शब्द का उच्चारण किया और गाड़ियां आगे बढ़ चलीं। सभी गाड़ियां जय गुरुदेव नाम अंकित वाले सफेद झंडो व स्वामी जी के चित्र वाले बैनर पोस्टर से सजी हुई थीं।

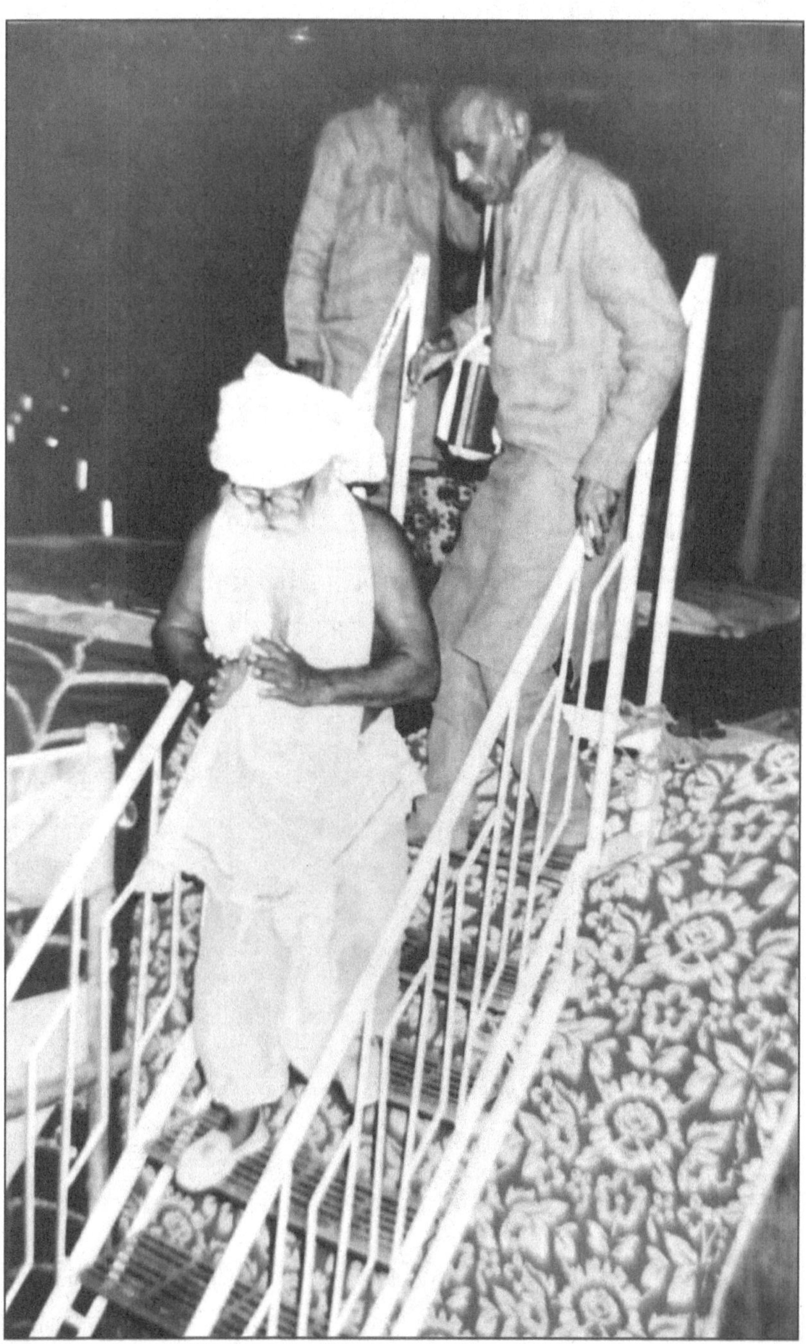

उस दृश्य की विहंगम शोभा का वर्णन शब्दों में नहीं किया जा सकता। लखनऊ जाने वाले मार्ग पर प्रत्येक दिशा से निगोहा जाने वाली गाड़ियां मिल रही थी। ऐसा प्रतीत हो रहा था-जैसे कोई बहुत बड़ी चुंबक सभी गाड़ियों को अपनी ओर खींच रही हों-जिसके आकर्षण से सभी गाड़ियां खिंचती चली जा रही हों। रास्ते में जगह-जगह रैली का स्वागत हो रहा था।

लोग शरबत, पानी, हल्वा, चना व फल बांट रहे थे। गाड़ियों को रोक-रोक कर नाश्ता दिया जा रहा था। देर ना हो जाए, यह सोचकर यदि लोग गाड़ियां नहीं रोक रहे थे, तो वे लोग गाड़ियों में ही पैकेट डाल दे रहे थे। उसे सभी रास्ते भर खाते रहे और अपने साथ लाया हुआ खाना खोलने की आवश्यकता ही नहीं पड़ी। सायं काल हम लोग लखनऊ पहुंच चुके थे। पीलीभीत के सत्संगियों की रात में रुकने की व्यवस्था लखनऊ के आलमबाग क्षेत्र में की गई थी। वहीं पर मुख्य सड़क पर स्वागत द्वार बनाया गया था-जहां पर प्रातः हवाई अड्डे की तरफ से स्वामी जी का काफिला आना था।

एक कॉलोनी के मैदान में पीलीभीत से गई सभी गाड़ियां खड़ी हो गईं। गाड़ियों के पास ही सभी ने चटाई, दरी, चादर बिछाकर अपनी रात्रि विश्राम की व्यवस्था कर

ली थी। कॉलोनी के निवासी भी सत्संगियों का पूरा सहयोग कर रहे थे। अपने घरों के लान, बरामदे आदि उन्होंने खोल दिए थे। अपने शौचालय व स्नानागार भी हमें उपलब्ध कराये। जिससे हमें कोई दिक्कत ना हो। इस हेतु कॉलोनी वासियों के हम सब बहुत-बहुत आभारी हैं। प्रातः काल होने पर सभी जल्दी ही नित्य कार्यों से निवृत्त होकर स्वामी जी के स्वागत हेतु तैयार हो गए थे। गाड़ी के समीप ही अपने साथ लाया हुआ नाश्ता करके हम सब कॉलोनी से निकलकर मुख्य सड़क पर आ गए-जहां पर स्वामी जी का काफिला आने वाला था। स्वागत द्वार बहुत ऊंचा और सुंदर बनाया गया था-जिसके ऊपर कुछ सत्संगी टोकरियों में गुलाब के फूल और मालाएं लेकर बैठ गए थे-जिससे जब स्वामी जी की गाड़ी उधर से गुजरे, तो ऊपर से फूलों की बरसात की जाए।

मेरे चाचा स्वर्गीय श्री पीतांबर स्वरूप सक्सेना लखनऊ में ही उ0 प्र0 शुगर निगम में के चीफ इंजीनियर थे। वह काफी पहले से ही सत्संगी व नामदानी थे। रैली के स्वागत के लिए वह सुबह से ही परिवार सहित वहां आ गए। यह देखकर हमारी खुशी का ठिकाना ना रहा, कि उन्होंने एक बैनर जिस पर जय गुरुदेव पीलीभीत संगत लिखा था तथा तीन-चार बैण्ड के व्यक्ति-जो हाथों में वाद्य यंत्र लिए थे, की व्यवस्था कर रखी थी। जो प्रार्थना की धुन बजा रहे थे। हम लोगों ने आरती का थाल सजा लिया था और स्वामी जी के आने का इंतजार कर रहे थे। सभी लोग सड़क के एक ओर पंक्ति लगाकर खड़े थे-जिससे यातायात में कोई बाधा उत्पन्न ना हो।

एकाएक सड़क के एक ओर मोटरसाइकिलों पर सवार सत्संगी पंक्तिबद्ध होकर आते दिखाई दिए। जिससे अनुमान लग गया कि स्वामी जी का काफिला आना शुरू हो गया है। निरंतर साइकिलें, मोटरसाइकिलें क्रमबद्ध होकर चली आ रही थीं और लखनऊ से रायबरेली को जाने वाले मार्ग पर बढ़ती जा रही थी। हमारी निगाहों को स्वामी जी की गाड़ी का इंतजार था। कुछ देर बाद ही कारों का काफिला आना शुरू हो गया। एक के बाद एक कितनी कारें निकल गईं। गिनती करना कठिन था।

तभी काफी दूर से पटाखों की आवाज सुनाई देने लगी-जिससे अनुमान हुआ

कि स्वामी जी की गाड़ी आ रही है। बैंड ने अपनी आवाज तेज कर दी और जय गुरुदेव के नारों से वातावरण गुंजायमान हो गया। कॉलोनी वासी भी आवाज सुनकर सड़क पर आ गए। हम लोगों ने आरती के थाल में सजे दीपक प्रज्वलित कर लिए और हार व फूल हाथों में लेकर स्वामी जी के आने की प्रतीक्षा करने लगे। कारों की कतारें निरंतर चली आ रही थी।

देश के सभी प्रांतों की कारें थी। एक से एक शानदार। तभी दूर से स्वामी जी की गाड़ी आती दिखाई दी। काफी बड़ी और ऊंची ट्रकनुमा गाड़ी को गुलाब और गेंदा के फूल की मालाओं से पूरा सजाया गया था। गाड़ी धीरे-धीरे चल रही थी। स्वामी जी अपने सभी बच्चों को दर्शन देते हुए चल रहे थे। गाड़ी की छत पर स्वामी जी खड़े हुए थे। साथ में मथुरा आश्रम के कुछ सेवादार तथा माननीय श्री उमाकांत तिवारी जी थे। प्रसन्नता से हम लोगों की स्थिति पागलों की सी हो रही थी। गाड़ी के पास आते ही हम लोगों ने नीचे से ही स्वामी जी की आरती उतारी और सभी स्वामी जी की गाड़ी के आगे नृत्य करने लगे। जोर-जोर से जय गुरुदेव नाम का उद्घोष होने लगा। स्वामी जी ने गाड़ी रुकवा ली और हाथ उठाकर हम सबको आशीर्वाद दिया और दया की बरसात की। हम लोगों के किनारे हटने पर स्वामी जी की गाड़ी आगे बढ़ चली और काफिला निगोहा रायबरेली की तरफ बढ़ गया। हम लोग भी शीघ्रता से गाड़ी में बैठ गए और गाड़ी काफिले के साथ लगा दी।

सभी गाड़ियां निगोहा की ओर बढ़ चली। लखनऊ से निगोहा रायबरेली की दूरी अधिक नहीं थी अतः धीमे-धीमे चलते हुए स्वामी जी के पीछे-पीछे हम लोग भी कुछ देर में ही निगोहा पहुंच गए। निगोहा में कार्यक्रम स्थल की शोभा देखने लायक थी। अनेक द्वार बनाए गए थे, जिनको फूलों, झालरों व लाइटों से सजाया गया था। वहां के दृश्य इतने मनमोहक थे जिनका वर्णन शब्दों से कर पाना असम्भव है। सड़क के दोनों ओर सेवादार खड़े थे-जो गाड़ियों व अन्य वाहनों को व्यवस्थित कर उचित स्थान तक पहुंचा रहे थे।

सड़क के एक ओर सत्संग मैदान व स्वामी जी के निवास हेतु कुटिया की

व्यवस्था की गई थी। दूर-दूर तक टेंटों, रावटियों और भोजन हेतु भंडारों की व्यवस्था थी। हम लोगों को भी एक रावटी मिल गई थी।

प्रातः काल और सायंकाल दोनों समय परम पूज्य स्वामी जी विशाल मंच से सत्संग करते थे। हम लोगों की रावटी सड़क पार के खेतों में थी-अतः दौड़ दौड़कर हम सत्संग मैदान में आते थे। एक दिन सत्संग समाप्त होते-होते बूंदाबांदी शुरु हो गई और थोड़ी देर में ही घने काले बादल आकाश में छा गए। बहुत तेज हवाएं चलने लगी। सत्संग समाप्त कर स्वामी जी ने सभी को अपने-अपने डेरों में जाने का आदेश दिया। हम सभी सत्संगी तथा परिवार के लोग तेजी से डेरों की ओर जाने लगे।

बारिश के कारण मिट्टी गीली हो जाने से बहुत अधिक फिसलन हो गई। सड़क पार कर जब हम आगे बढ़े, तो सड़क से खेत काफी नीचे होने के कारण डेरों में जाने वाली पगडंडियों पर बहुत फिसलन हो गई। जो भी आगे बढ़ रहा था-वह फिसल

कर गिर रहा था और अपने बचाव के लिए जिसका सहारा लेने की कोशिश करता, वह भी साथ में दूर तक फिसलता चला जाता। मैंने भी फिसलते ही एक महिला का सहारा लेने की कोशिश की, जो स्वयं ही खड़ी नहीं रह पाई। उनके साथ ही मैं तथा अन्य कई लोग फिसलते चले गए। स्थिति काफी हास्यास्पद हो गई थी। परम पूज्य स्वामी जी की कृपा से किसी को एक खरोंच तक नहीं आई।

मिट्टी से सने कपड़ों में ही हम अपने टेंट में आए और कपड़े बदले। कार्यक्रम के समस्त दिनों में स्वामी जी ने अनमोल रूहानी सत्संग की दया बरसाई और सारे दिन घूम-घूम कर सभी सत्संगियों को दर्शन देकर अपार कृपा की।

निगोहा कार्यक्रम का वातावरण, वहां के दृश्य मेरी आंखों के सामने बार-बार घूम जाते हैं। मैं सोचती हूं कि मालिक अपने बच्चों के लिए क्या-क्या लीलाएं रचते हैं।

बनारस गंगा की रेती पर कार्यक्रम

9 से 11 फरवरी 1996 में स्वामी जी का भूमिजोतक कार्यक्रम बनारस में था। हम लोगों ने भी बरेली जंक्शन से काशी विश्वनाथ एक्सप्रेस द्वारा रिजर्वेशन करवा लिए। बरेली से चलकर सुबह हमारी ट्रेन जब बनारस जंक्शन पर पहुंची, तो स्टेशन पर बहुत भीड़ थी। ट्रेन में अधिकांशतः सत्संगी ही थे जो, स्वामी जी के कार्यक्रम में सम्मिलित होने ही आए थे। सर्दी का मौसम था–अतः बिछाने, ओढ़ने तथा पहनने के कपड़े भी काफी थे। बड़ी मुश्किल से दशाश्वमेध घाट तक जाने के लिए रिक्शे मिल सके।

जब हम घाट पर पहुंचे, तो वहां के दृश्य को देखकर हम चकित रह गए। घाट के किनारे नावों की कतारें लगी हुई थीं। स्वामी जी ने विशेष रूप से मल्लाहों से कह दिया था, कि सत्संगियों को पूर्ण सुरक्षा से गंगा पार पहुंचा दें। मल्लाहों ने बड़े आराम से हमें पार पहुंचाया। दूसरी ओर रेत की विशाल मैदान था। दूर-दूर तक केवल रेत ही रेत। बनारस के निवासी भी गंगा के पार वाले रेती के मैदान में नहीं जाते थे। स्वामी जी ने इस रेती के मैदान में अपना कार्यक्रम रखा।

नाव से उतरते ही पैर किनारे की रेत में धंसने लगे। एक-एक कदम हम बड़ी मुश्किल से आगे बढ़ा पा रहे थे। पैर ऐसे लग रहे थे जैसे दस-दस मन के हो गए हों। बड़ी मुश्किल से हम उस टेंट तक पहुंचे-जहां हमारे ठहरने की व्यवस्था, पीलीभीत के सत्संगी श्री आनंद बहादुर सक्सेना (नानाजी) ने कर दी थी। समीप के टैन्ट में ही नानी श्रीमती निर्मला सक्सेना तथा उनका परिवार भी विद्यमान था। रेत के उस मैदान पर खड़े होकर जब नदी के दूसरे किनारे की ओर स्थित दशाश्वमेध घाट तथा अन्य घाटों पर नजर डाली, तो घाट के समीप ही आग की बड़ी-बड़ी लपटें उठती हुई दिखाई दीं। पूछने पर लोगों ने बताया कि दशाश्वमेध घाट के समीप ही मणिकर्णिका घाट है-जहां दाह संस्कार हो रहे थे। दाह संस्कार हेतु लोग कतार लगाए बैठे थे। जिसे देखकर दहशत सी होने लगी।

जिस मैदान में हम लोग रुके थे, उसके बारे में भी अनेक अद्भुत बातें सुनने को मिली। लोगों ने बताया कि इस स्थान पर अतृप्त आत्माओं का वास है। स्वामी जी ने कार्यक्रम के पूर्व ही यहां आकर उन आत्माओं का आवाहन कर कहा-कि मेरे बच्चे यहां आ रहे हैं। जब तक मेरा कार्यक्रम होगा, वे सब यही रहेंगे। उनको कोई परेशानी

नहीं होनी चाहिए। स्वामी जी ने काफी दूर एक स्थान पर जाकर उनसे रहने को कहा। मैदान में स्थान स्थान पर छोटे-छोटे मंडप बने थे-जहां स्वामी जी के गुरु भाई पंडित सुदर्शन जी(दादा गुरु के सुपुत्र) उन आत्माओं के लिए सुगंधी का भोजन पहुंचाते थे। मैदान में गंगा की तरफ पीठ करके एक स्थान पर विशाल मंच बनाया गया था-जिस पर बैठकर स्वामी जी सत्संग करते थे। प्रातः और सायं प्रतिदिन सत्संग होता था। स्वामी जी ने एक दिन सत्संग में कहा कि शंकर भगवान काशी को छोड़कर जा चुके हैं, लेकिन इस कार्यक्रम में वह प्रतिदिन अपनी उपस्थिति दे रहे हैं। अब यह तो स्वामी जी ही जान सकते हैं कि उनकी बात का रहस्य क्या था।

एक दिन रात में बहुत तेज बारिश हुई। हमारे टेंट में पानी टपक रहा था। जैसे बाहर बारिश हो रही थी, वैसे ही अंदर भी। सारे कंबल रजाई पानी से भीग गए। पानी हल्का होने पर टेंट से बाहर निकल कर, स्वयं के कपड़े सुखाने के अलावा कोई चारा न था। हम लोग बाहर निकले ही थे कि शोर होने लगा, कि स्वामी जी दर्शन दे रहे हैं। हम लोग भी भागते हुए छोटे मंचि के निकट पहुंच गए। छोटे मंच पर सामने ही स्वामी जी खड़े हुए दिखाई दिए। उस समय स्वामी जी का स्वरूप इतना भव्य प्रतीत हो रहा था-जिसका वर्णन शब्दों में नहीं किया जा सकता। बहुत देर तक खड़े रहकर, स्वामी जी ने मौन रहकर ही हम लोगों को जो अपार दर्शन और दया बरसाई, वह आज भी हमारी आंखों के सामने घूम-घूम जाती है। स्वामी जी फिर धीरे-धीरे मंच से उतरकर अपनी कुटिया में चले गए। हम लोग भी बरसते पानी में भीगते हुए अपने टेंट में वापस आ गए।

एक दिन हम लोगों ने गंगा पार जाकर घाट के आसपास की जगहों को देखने का मन बनाया। मेरे साथ चाचा स्व0जयस्वरूप जी, चाची पंकज सक्सेना उनके बच्चे, तरुण, ऋतु तथा मेरी बहन डा0नीरू, भाई मुकेश, साकेत व एक घनिष्ठ मित्र ओमप्रकाश थे। हम लोगों ने आसपास के स्थानों को देखा और कुछ खा पीकर वापस जाने लगे तभी अचानक वारिश होने लगी। हम लोगों ने दुकानों में खड़े होकर वारिश से बचाव किया। वारिश रुकने पर जब हम घाट पर पहुंचे तो अंधेरा हो गया

था। घाट से नावों का चलना बंद हो गया था। सारी नावें घाट किनारे खड़ी कर मल्लाह भी चले गए थे। यह देखकर हम सब परेशान हो गए। तभी एकाएक 15, 16साल का एक लड़का कहीं से आ गया और बोला जिसे उस पार जाना है वह मेरी नाव में बैठ जाये। हम सब नाव पर बैठ गयेऔर उस छोटे से मल्लाह ने हमें रात में गंगा पार पहुंचा दिया। हम सभी ने मालिक की दया को साक्षात अनुभव किया। पार पहुंचते ही हम सब जयगुरुदेव नाम का जयकारा लगाने लगे। उस दिन की घटना का स्मरण कर आज भी हमारा मन सिहर उठता है।

अगले दिन कार्यक्रम का समापन था। हम लोगों का ट्रेन से रिजर्वेशन था। नियत समय पर हम स्टेशन पहुंचकर ट्रेन द्वारा बरेली और फिर पीलीभीत वापस आ गए। आज तक कार्यक्रम के सारे दृश्य और स्वामी जी का भव्य रूप हमारी स्मृति में बसा है।

प्रयागराज कार्यक्रम वर्ष 1996

जुलाई 1996 में स्वामी जी का कार्यक्रम प्रयागराज में हुआ। वारिश का मौसम था। गंगा और यमुना में बाढ़ की स्थिति उत्पन्न हो रही थी। हमारे टेंट गंगा के किनारे वाले रेत के मैदान में लगे थे। जहां बाढ़ के समय केवल पानी होता है। लाउडस्पीकर से हमें सूचना दी जा रही थी कि यमुना में पानी बहुत बढ़ गया है। नहाने के लिए कोई व्यक्ति उधर ना जाए। गंगा का पानी भी बढ़ रहा था, पर लगता था कि कोई शक्ति उसे रोके हुए है। जिस टेंट में हम रुके हुए थे-उसकी रेतीली जमीन के नीचे भी पानी की उपस्थिति का आभास हो रहा था, क्योंकि चलने पर धरती झूले की तरह ऊपर नीचे हो रही थी। स्वामी जी ने कहा-कि जब तक मैं यहां हूं बच्चों, तुम्हारा कोई नुकसान नहीं होगा। हमारे टेंट के पास ही एक नाला था, उसमें पानी बढ़ता हुआ दिखाई दे रहा था। सत्संगी लोग पत्थर, मिट्टी डालकर नाले से आने वाले पानी का बहाव रोक रहे थे। एकाएक वहां स्वामी जी पहुंच गए और सामने खड़े होकर पत्थर डलवाने लगे। हम लोग भी पास जाकर देखने लगे। थोड़ी देर खड़े रहकर स्वामी जी

चले गए और लाउडस्पीकर से आदेश दिया, कि बच्चों जितनी जल्दी हो सके, अपना सामान बांध लो। मालूम हुआ कि प्रयागराज के डीएम ने स्वामी जी से प्रार्थना की है कि जल्दी से जल्दी मैदान खाली करवा दीजिए। नहीं तो अनहोनी हो जाएगी।

हम लोगों को लाउडस्पीकर पर स्वामी जी की आवाज सुनाई दी, कि बच्चों इस मैदान को छोड़कर चिड़ियों की तरह उड़ जाओ। स्वामी जी के आदेश को सुनकर मैदान खाली होने लगा, क्योंकि स्वामी जी के आदेश के बिना कोई भी सत्संगी मैदान छोड़ने को तैयार नहीं था। देखते ही देखते मैदान खाली हो गया। यहां तक कि सत्संगियों ने टेंट आदि खोलकर बल्लियों, रस्सियों आदि को भी घाट से ऊपर पहुंचा दिया। पूरा मैदान थोड़ी देर में ही खाली हो गया। बिना किसी भगदड़ के, इतनी जल्दी लाखों लोगों का समुदाय किस तरह रेत के मैदान को छोड़कर ऊपर पहुंच गया। उसको देखकर सभी आश्चर्यचकित थे। मैदान में पानी भरने लगा।

हम लोग, मां के साथ हम सभी भाई बहन व चाचा स्व०जयस्वरूप जी का परिवार व डॉ. हरीश सरन दास नानाजी रिक्शों से स्टेशन पहुंचे। अपार भीड़ थी, पर हमें ट्रेन में आराम से जगह मिल गई। वापसी में हमारी ट्रेन जब गंगा के पुल पर पहुंची, तो हमारी आंखों को विश्वास नहीं हो रहा था, कि यह वही मैदान है–जहां कुछ समय पहले तक लाखों की भीड़ थी। सारा मैदान पानी से लबालब भर चुका था। स्वामी जी की दया से किसी भी सत्संगी या उसके परिवार का बाल बांका भी ना हुआ। मालिक की दया का जो नजारा हमने अपनी आंखों से देखा, उसे मरते दम तक हम भूल नहीं पाएंगे।

प्रयागराज (इलाहाबाद) संगम स्थल पर कार्यक्रम

25 फरवरी से 6 मार्च 1997 में स्वामी जी का कार्यक्रम प्रयागराज (इलाहाबाद) संगम स्थल पर हुआ। मां के साथ हम भाई-बहन तथा चाचा श्री जय स्वरूप जी का परिवार ट्रेन द्वारा इलाहाबाद पहुंच गए। संगम स्थल पर कुछ दिन पूर्व ही माघ मेला का समापन हुआ था। अतः सरकार द्वारा की गई मेले की भव्य व्यवस्था ज्यों की त्यों बरकरार थी। स्वामी जी ने प्रशासन तथा मेला व्यवस्थापकों से सारी की सारी व्यवस्था अपने कार्यक्रम हेतु मांग ली, अतः हमें उस भव्य व्यवस्था को भी देखने का शुभ अवसर स्वामी जी ने दे दिया।

गंगा के किनारे एक नगर सा बस गया था। जिलों को सेक्टर के अनुसार व्यवस्थित कर दिया गया था। रात में पूरा मेला क्षेत्र रोशनी से जगमगा उठता था। हम लोगों की व्यवस्था भी एक टेंट में रहने की हो गई थी। यहां आने से पूर्व मेरे चाचा ने हम लोगों को बताया, कि वहां बहुत भीड़ होगी। दूरबीन लेकर चलना, क्योंकि वहां स्वामी जी के दर्शन दूरबीन से ही हो पाएंगे।

हम लोग चिंतित थे कि पता नहीं स्वामी जी के दर्शन कैसे होंगे? वहां सभी लोग

स्नान के लिए गंगा जी के तट पर जाते थे। हम लोग भी अपने कपड़े आदि लेकर गंगा की तरफ जा रहे थे कि अचानक एक स्थान पर भीड़भाड़ और भाग-दौड़ होती दिखाई दी। कुछ आगे बढ़ने पर मालूम हुआ, कि स्वामी जी दर्शन दे रहे हैं। हम लोग भी भाग कर वहां पहुंचे और दर्शन की पंक्ति में बैठ गए। थोड़ी ही देर में देखा कि स्वामी जी हमारी ओर ही आ रहे हैं। हम लोगों की खुशी का ठिकाना ना रहा। स्वामी जी के निकट आने पर हमने चरण स्पर्श किए और स्वामी जी ने अपना दया भरा हाथ हमारे सिर पर रखा। हमारा मन खुशी से गदगद हो उठा।

प्रयागराज में गंगा के घाट पर अपना एक छत्र राज्य बनाए रखने वाले पंडो ने स्वामी जी के कार्यक्रम का विरोध किया, किंतु जब स्वामी जी ने मंच से यह घोषणा की कि पंडा समुदाय आश्वस्त रहे। हम उनके कार्य में कोई व्यवधान नहीं आने देंगे। तब वे संतुष्ट हुए। स्वामी जी ने अपने लाखों प्रेमियों को आदेश दिया, कि एक निश्चित स्थान या मंडप बना दिया गया है, उसमें सभी प्रेमी कुछ ना कुछ पैसे अवश्य चढ़ाएंगे। जितने भी पैसों का चढ़ावा आएगा, वह सब पंडा समाज को दे दिया जाएगा।

स्वामी जी के आदेश देते ही उस निश्चित पंडाल में पैसे चढ़ाने के लिए सत्संगियों की भीड़ लग गई। रूपयों, पैसों का ढेर लग गया। जिसे देखकर पंडा समाज दंग रह गया। सारे पंडा समाज ने मिलकर 108 दीपों वाली आरती से मंच पर स्वामी जी की आरती उतारी और स्वामी जी की चरण स्पर्श किए। उसके बाद स्वामी जी का कार्यक्रम निर्विघ्न होता रहा। प्रातः और सांयकाल स्वामी जी सत्संग करते थे। हमें किसी दूरबीन की आवश्यकता नहीं पड़ी। स्वामी जी की अपार दया से हमें प्रतिदिन स्वामी जी के दर्शन हुए और सत्संग मिला। एक दिन गंगा में नहाने जाने पर चोर हमारे कपड़े चुरा कर ले गए। हमने ढूंढने की बहुत कोशिश की, पर कपड़े नहीं मिले। हम बिना नहाए टेंट में वापस लौट आए। शाम को सत्संग में स्वामी जी ने कहा कि बच्चों लेनदेन चुकता करना होता है, तुमने यदि कभी किसी का लिया है, तो वह तुम्हारा ले जाएगा, इसलिए किसी को परेशान होने की जरूरत नहीं है। हमें आश्चर्य हुआ कि हमारी छोटी से छोटी बात पर भी स्वामी जी की नजर हमेशा रहती है।

नैमिषारण्य में गुरु पूर्णिमा कार्यक्रम

13 जुलाई से 22 जुलाई 1997 में गुरु पूर्णिमा का कार्यक्रम (नीमसार) नैमिषारण्य जिला सीतापुर में मनाया गया। हम सभी बहनें नीरू, मीनू, अन्जू, मां श्रीमती माया सक्सेना, मौसी, (मुन्नी सक्सेना) भाई मुकेश, साकेत, एक महिला

मित्र आशा जी तथा उनकी मां, सभी लोग ट्रेन द्वारा सीतापुर और फिर बस द्वारा नैमिषारण्य (नीमसार) पहुंचे। छोटा भाई मनोज अपने मित्र प्रदीप श्रीवास्तव के साथ बाइक से पहुंच गए। चाचा स्व0जयस्वरूप जी, चाची, वरुण, तरुण, वर्षा, ऋतु भी हमारे साथ थे।

नीमसार में स्वामी नारदानंद जी का विशाल आश्रम है, जो कई एकड़ भूमि में फैला हुआ है। काफी शांत वातावरण है और साधक अपनी-अपनी भक्ति में लगे रहते हैं। इस आश्रम के निकट ही विशाल खाली स्थल को सत्संग मैदान बनाया गया था। वहीं एक सुंदर सी कुटिया स्वामी जी के निवास हेतु बनाई गई थी। अपार भीड़ थी। देश के सभी स्थानों से सत्संगी गुरु पूर्णिमा कार्यक्रम हेतु नीमसार आए थे। जिलों के अनुसार टेंट की व्यवस्था की गई थी, परंतु सत्संगी इतने अधिक थे कि टेंट की संख्या कम पड़ रही थी। फल स्वरुप खुले आसमान के नीचे पेड़ों का आश्रय लेकर अपना बिस्तर लगाये सत्संगी बैठे थे। हमारी एक महिला शिक्षिका मित्र सविता जैसवार, जो नीमसार में पहले से ही नारदानंद जी के आश्रम जाया करती थी, उन्होंने आश्रम के मंदिर की धर्मशाला में हमारी व्यवस्था करवा दी। हम

लोग दिन में सत्संग मैदान में पहुंच जाते और शाम को सत्संग के बाद कमरे पर पहुंच जाते थे। इस हेतु हम उनके भी बहुत बहुत आभारी हैं।

प्रतिदिन स्वामी जी प्रातः एवं सांयकाल बड़े मंच से सत्संग सुनाते थे। एक दिन हम लोग सत्संग मैदान में बैठकर सत्संग सुन रहे थे। आकाश में बादल छाए थे। अचानक घनघोर काली घटाएं घिर आईं और मूसलाधार पानी बरसने लगा। सभी सत्संगी हिलने डुलने लगे। तभी स्वामी जी ने कहा कि बच्चों खड़े हो जाओ और कोई कहीं जाना नहीं। मैं भी तो भीग रहा हूं। तुम लोग भीगते हुए ही सत्संग सुनो। स्वामी जी के मंच पर भी चारों तरफ से पानी की तेज बौछारें आ रही थी। उस दिन स्वामी जी ने भीगते हुए ही सत्संग सुनाया और उनके अनुयायी बच्चों ने भी भीगते हुए ही सत्संग सुना। अद्भुत दृश्य था, जिसको स्मरण करते ही मन में अद्भुत चेतना का संचार होने लगता है।

नीमसार में गोमती नदी अपनी सुंदर छटा बिखेरती हुई प्रवाहित होती है। गोमती का उद्गम हमारे जिला पीलीभीत में ही माना जाता है। नीमसार में गोमती नदी के दूसरी ओर के तट पार स्वामी जी ने एक यज्ञ मंडप बनवाया और वहां तक जाने के लिए गोमती के पार तक बांसों का एक पुल भी बनवाया था। यज्ञ स्थल पर भूत-प्रेतों को भोजन दिया जाता था। जिस किसी व्यक्ति को इस तरह की कोई परेशानी प्रतीत होती थी, उसको उस मंडप का चक्कर लगाने का आदेश था। हजारों लोगों ने उस यज्ञ मंडप के चक्कर लगाए और इस तरह हजारों लोगों की भूत बाधा स्वामी जी ने दूर कर दी।

नीमसार से वापस आते समय हमारा कार्यक्रम बस द्वारा सीतापुर आने का था। जहां से हमें ट्रेन पकड़नी थी, परंतु बस स्टैंड पर कोई बस दिखाई नहीं दे रही थी। मालूम हुआ कि अब एक-दो घंटे तक कोई बस नहीं आनी है। हम लोग परेशान थे, अतः वहीं एक साफ सुथरा स्थान देखकर बैठ गए। तभी अचानक एक प्राइवेट बस आती हुई दिखाई दी। हम सभी लोग खुशी से जय गुरुदेव, जय गुरुदेव नाम पुकारने लगे। उस बस में कोई सवारी नहीं थी। हमने सोचा कि बस कुछ देर तो

रुकेगी। ना जाने अभी कितनी देर लगे और फिर कहीं सीतापुर से ट्रेन ना निकल जाए। तभी ड्राइवर ने कहा कि जिन्हें सीतापुर तक जाना है वह तुरंत बैठ जाएं। हमारा पूरा परिवार तथा अन्य एक-दो यात्री उस बस में बैठ गए।

बस चल पड़ीऔर समय से हमें सीतापुर पहुंचा दिया। जिससे हमें ट्रेन मिल गई। हम सब ने यह अनुभव किया कि यह बस मालिक ने हम लोगों को पहुंचाने के लिए ही भेजी थी, अन्यथा हमें ट्रेन ना मिल पाती। मालिक की नजर अपने बच्चों पर हर जगह रहती है। स्वामी जी की अपार दया मेहर हमें समय-समय पर सदा मिलती रही।

बीसलपुर, पीलीभीत में कार्यक्रम

पीलीभीत में स्वामी जी का शुभागमन अनेक बार हुआ। स्वामी जी की अपार दया दृष्टि हमारे जनपद पर सदैव रहा करती थी। हम लोग प्रत्येक कार्यक्रम में समय से पूर्व ही पहुंच जाया करते थे, और मालिक की दया का पूर्ण लाभ प्राप्त करते थे। प्रत्येक बार स्वामी जी काफी काफी देर तक सत्संग सुनाते थे। अपार भीड़ होती थी—जिसमें सत्संगियों के अलावा नगर वासी भी होते थे।

एक बार पीलीभीत की तहसील बीसलपुर में 29-7 97को स्वामी जी का सत्संग कार्यक्रम था। हम लोग बस द्वारा बीसलपुर पहुंचे। डॉक्टर हरीश शरण दास (नाना जी) का परिवार भी साथ में था। वहां के रामलीला मैदान में सत्संग कार्यक्रम था। काफी अच्छी व्यवस्था थी। मंच अत्यधिक भव्य व फूल मालाओं से सजाया गया था। ग्रामीण बालिकाओं ने मंच के आगे बहुत सुंदर रंगोली बना रखी थी। वे माइक से बड़ी ही मधुर ध्वनि से प्रार्थनाएं गा रही थीं। स्वामी जी जब मंच पर आए, तो चारों ओर सन्नाटा छा गया।

स्वामी जी ने मंच पर खड़े होकर सभी की तरफ हाथ जोड़कर, सर झुका कर प्रणाम किया। नीचे खड़ी भीड़ भी सिर झुका कर जय गुरुदेव 'पुकार उठी। स्वामी

जी ने हाथ उठाकर सभी को आशीर्वाद दिया और फिर मंच पर डाले गए आसन पर बैठकर काफी देर तक सत्संग किया।

सत्संग के बाद सभी सत्संगी पंक्ति में बैठ गए और स्वामी जी ने सभी के सिर पर हाथ रखकर दया की वर्षा की। सत्संग समाप्त हो जाने पर कुछ देर विश्राम के बाद स्वामी जी अगले सत्संग स्थल की ओर चल पढ़ते थे। साथ में आए सारे सत्संगी अपनी गाड़ी में सामान रखकर तैयार रहते थे। जिससे स्वामी जी की गाड़ी के निकलते ही वह भी तुरंत साथ में चल पड़े।

बीसलपुर पीलीभीत में भी सत्संग के तुरंत बाद ही स्वामी जी का काफिला अगले कार्यक्रम स्थल के लिए निकल पड़ा। हम लोग मार्ग के एक ओर पंक्ति में खड़े थे– जिससे जाते समय स्वामी जी के दर्शन हो सकें। तभी स्वामी जी की गाड़ी बिल्कुल निकट आ गई। स्वामी जी ने गाड़ी रुकवा दी और हम लोगों ने बहुत निकट से बहुत अच्छी तरह दर्शन किए। फिर स्वामी जी की गाड़ी स्टार्ट हुई और काफिला आगे बढ़ गया। हम लोग भी बस द्वारा पीलीभीत शहर आ गए

कारवां काफिला

परम पूज्य स्वामी जी महाराज ने 03 सितम्बर 2003 से 31अक्टूबर 2003 तक कारवां काफिला निकाला। हमारा जिला पीलीभीत इस परम सौभाग्य का दृष्टा व भागीदार बना। काफिला आने की सूचना पक्की होते ही कई दिन पहले से ही पीलीभीत के सभी सत्संगी स्वागत की तैयारी में जुट गए। मेरे चाचा स्वर्गीय श्री जय स्वरूप सक्सेना पुराने सत्संगी थे। वह व्यवस्था समिति में थे। वह जी जान से जुटे हुए थे। हम लोग भी उनके साथ सहयोग कर रहे थे।

पीलीभीत में रामलीला मैदान और मंडी समिति एक विशाल क्षेत्र में है। बड़े-बड़े बरामदे और टीन शेड हैं-जिनमें एक साथ हजारों लोगों के रुकने की व्यवस्था हो सकती है। क्योंकि सूचना थी कि काफिले में काफी लोग आएंगे, इसलिए मंडी समिति परिसर भी शासन से मांग लिया गया था। मेरे छोटे भाई मुकेश, मनोज व साकेत प्रांगण में पानी व्यवस्था हेतु नल व टंकियां लगवा रहे थे। सभी सत्संगियों में कार्य बांट दिया गया था। जिसकी व्यवस्था उन्हें देखनी थी। काफिला आने से एक दिन पूर्व मैं तथा मेरी बहनें डॉ. नीरू, मीनू, अंजू व एक दो सत्संगी बहनें कार्यक्रम स्थल पर पहुंच गए। हमें मंच के नीचे, सामने की ओर विशाल क्षेत्र में अल्पना बनाने का कार्य सौंपा गया था। सभी ने मिलकर बहुत सुंदर अल्पना तैयार की-जिसे बाहर

से काफिले में आए कई सत्संगी भाइयों ने अपने कैमरे में सुरक्षित किया।

अगले दिन प्रातकाल से ही रामलीला मैदान पहुंचकर हम काफिले के आगमन की प्रतीक्षा करने लगे। काफी देर बाद स्वामी जी की गाड़ी के आगमन की सूचना मिली। पटाखों की आवाजें आने लगीं, जो सत्संगी लोग स्वामी जी के आगमन की खुशी में बजा रहे थे। मार्ग के दोनों ओर महिलाएं अपने सिर पर कलश रखकर खड़ी हो गईं। हम लोगों ने भी आरती के थाल और डलियों में फूल लेकर स्वामी जी के स्वागत की तैयारी कर ली।

कुछ ही देर में धीमे-धीमे चलकर सभी को दर्शन देते हुए स्वामी जी गाड़ी से हमारे निकट आ गए। हम लोगों ने स्वामी जी की गाड़ी के निकट खड़े होकर आरती उतारी। सभी सत्संगी स्वामी जी को देखकर खुशी में पागल से हो रहे थे। सभी लोग जोर-जोर से जय गुरुदेव नाम का उच्चारण करने लगे। मेरे चाचा स्वर्गीय श्री जय स्वरूप सक्सेना इतने अधिक खुश और उत्तेजित थे कि हाथ में छोटा माइक

पकड़कर जोर-जोर से जय गुरुदेव बोल रहे थे। यहां तक कि बोलते बोलते उनकी आवाज तक बैठ गई थी। स्वामी जी की गाड़ी धीरे-धीरे चलती हुई बनाई गई कुटिया में चली गई। काफिले की अन्य गाड़ियों का स्वागत सत्संगी फूल डाल डाल कर करने लगे। मथुरा आश्रम से स्वामी जी के साथ आई गाड़ियां निर्धारित स्थानों पर खड़ी करवा दी गयीं। हम लोग काफिले की गाड़ियों को देखने के लिए मुख्य सड़क पर आ गए। किनारे खड़े होकर साइकिल, बाइक व कारों की गिनती करना मुश्किल था। लोग आपस में बात कर रहे थे कि लगभग 3 लाख लोग अपने-अपने छोटे-बड़े वाहनों से काफिले में चल रहे हैं। मंडी स्थल खचाखच भर गया। तो सत्संगियों ने पूर्व में पूरनपुर रोड, पश्चिम में बरेली रोड और दक्षिण में बीसलपुर रोड पर, सड़क किनारे अपने वाहन खड़े कर लिए और वहीं अपनी दरी, चटाई, चादर बिछाकर बैठ गए। स्वामी जी का आदेश था कि यातायात व्यवस्था में कोई भी बाधा उत्पन्न नहीं होनी चाहिए।

सायंकाल जब स्वामी जी का सत्संग हुआ, तो स्वामी जी के मंच के सामने ही नीचे बैठकर सत्संग सुनने का सौभाग्य मालिक की कृपा से हमें मिला। दया का अपार पारावार हम सब पर बरस रहा था। भीड़ अत्यधिक होने के कारण अनेक लोगों ने खड़े-खड़े ही सत्संग सुना। सत्संग के समापन पर स्वामी जी मंच पर खड़े हो गए, तब हम लोग दौड़कर मंच के पास पहुंच गए। हम सभी लोग दया की ऐसी बरसात देखकर गदगद हो गए। फिर स्वामी जी ने सभी को पंक्ति में बिठाकर दर्शन दिए और अपनी कुटिया में चले गए।

पूरे मंडी परिसर तथा रामलीला मैदान में अपार जन समूह दिखाई दे रहा था। वह दृश्य आज तक आंखों के आगे घूम-घूम जाता है।

शब्दों द्वारा उस अनुभूति का वर्णन नहीं किया जा सकता रात्रि में हम लोग पूरे काफिले के दर्शन हेतु जब सड़कों व मैदान में गए, तो कहीं चूल्हों पर रोटियां सिंक रही थी, कहीं पर महिलाएं प्रार्थनाएं गा रही थी, कहीं-कहीं पर सत्संगी भाई-बहन चादर ओढ़ कर साधना कर रहे थे। अद्भुत अलौकिक वातावरण हमारी आत्मा को

शीतलता प्रदान कर रहा था।

पीलीभीत से वापस जाते समय स्वामी जी ने पीलीभीत की तहसील बीसलपुर में सत्संग की मौज फरमाई। बीसलपुर के एस, आर, एम इंटर कॉलेज में कार्यक्रम की व्यवस्था की गई थी। हम लोग ने भी गाड़ी स्वामी जी की गाड़ी के पीछे-पीछे लगा दी।

आधे पौन घंटे में सारा काफिला बीसलपुर पहुंच गया। स्वामी जी गाड़ी से उतरकर मंच पर पहुंच गए। बहुत भीड़ थी, पर चारों ओर सन्नाटा छाया था। स्वामी जी ने काफी देर तक सत्संग सुनाया तथा नामदान दिया। वहां स्वामी जी ने इतना समझा समझा कर नामदान दिया-जैसे छोटे-छोटे बच्चों को पाठ रटा रहे हो। बहुत ही अद्भुत अलौकिक दृश्य था। सभी ने मंत्र मुग्ध होकर सत्संग सुना व नामदान लिया। सत्संग समाप्त होने पर स्वामी जी गाड़ी में बैठकर आगे चल दिए। बीसलपुर के सभी सत्संगीजन तथा पीलीभीत के प्रेमियों ने कतारबद्ध होकर स्वामी जी के काफिले को विदा किया। काफिले के चले जाने के बाद हम सब भी वापस आ गए।

फैजाबाद अयोध्या कार्यक्रम

स्वामी जी का 30 मार्च से 17 अप्रैल 2004 में काफिले का समापन कार्यक्रम फैजाबाद अयोध्या में था। पीलीभीत के मझोला निवासी सत्संगी भाई भगवान दास जी की गाड़ी से हम लोगों का फैजाबाद जाने का प्रोग्राम बन गया। प्रातः काल ही चाचा स्वर्गीय श्री जय स्वरूप सक्सेना जी के परिवार के साथ हम भाई-बहन फैजाबाद के लिए निकल पड़े।

सारे रास्ते उत्सव जैसा माहौल दिखाई दे रहा था। हर दिशा से जय गुरुदेव नाम

का सफेद झंडा लगी हुई गाड़ियां फैजाबाद के मार्ग पर दौड़ी जा रही थी। ऐसा प्रतीत होता था मानो कोई शक्तिशाली चुंबक एक ही दिशा में गाड़ियों को खींच रही है। बीच-बीच में पड़ने वाले शहरों व ग्रामों में सत्संगी भाई-बहन मार्ग के किनारे खड़े होकर नाशते के पैकेट बांट रहे थे और जल पिला रहे थे। मार्ग में हम केवल एक ही स्थान पर रुके और हमने साथ लाया हुआ भोजन किया। फिर हम लगातार बढ़ते रहे, क्योंकि बस एक ही लक्ष्य था कि, जल्दी से जल्दी हम फैजाबाद पहुंचें और स्वामी जी के दर्शन करें। लखनऊ तक पहुंचते पहुंचते रात्रि हो गई, अतः हम लोगों ने लखनऊ में हीअपने चाचा स्व0श्री पीताम्बर स्वरूप सक्सेना के यहां विश्राम करना उचित समझा। प्रोग्राम अगले दिन था। प्रातः काल हमने चाचा के घर से फैजाबाद की ओर प्रस्थान किया।

फैजाबाद में बहुत बड़े मैदान में कार्यक्रम था। हरे-भरे वृक्षों के मध्य स्वामी जी की कुटिया मंच व सत्संग मैदान बनाया गया था। हम लोगों की रहने की व्यवस्था भी एक रावटी में हो गई। सामान आदि रख कर हम स्वामी जी के दर्शन करने चल दिए। स्वामी जी की गाड़ी व अन्य गाड़ियां आ चुकी थी। हम लोगों ने दूर से ही दर्शन किए। सत्संगी भाई-बहन दर्शन हेतु पहले से ही लंबी कतारें लगाए बैठे थे। सत्संग का समय होने पर पहले ही स्वामी जी कुटिया से बाहर आ गए और सभी सत्संगी भाई बहनों को दर्शन देते हुए सत्संग मंच की ओर चले गए। मंच पर काफी देर तक स्वामी जी हाथ जोड़कर, आंखें बंद किए खड़े रहे। फिर हाथ उठाकर सभी को आशीर्वाद दिया। तत्पश्चात बैठकर काफी देर तक रूहानी सत्संग वं नामदान देने की मौज फरमाई।

हम सभी उस रात फैजाबाद में ही रुके। मैदान के समीप एक गांव था। शौच तथा स्नान के लिए हम लोगों ने गांव के निवासियों से प्रार्थना की, तो उन्होंने सहर्ष अपने घर में हमें जाने की अनुमति दे दी-जिससे हमारी बहुत बड़ी समस्या का आसानी से हल हो गया। इस हेतु हम उन ग्राम वासियों की भूरि भूरि प्रशंसा करते हैं। मालिक से प्रार्थना है कि उन पर भी आपकी दया दृष्टि बनी रहे। प्रातः काल होने पर स्वामी

जी तथा उनके काफिले की गाड़ियों ने अगले पड़ाव की ओर प्रस्थान कर दिया। हम लोग भी अपने शहर की ओर चल पड़े।

पीलीभीत के प्रमुख सत्संगी श्री आनंद बहादुर सक्सेना नानाजी की गाड़ी हम लोगों के साथ ही चल रही थी। रास्ते में कुछ खराबी आ जाने के कारण उनकी गाड़ी बंद हो गई। जिसको ठीक करने में काफी समय लग गया। काफी दूर जाकर एक मैकेनिक मिल पाया। जिसे गाड़ी दिखाई गई, पर वह भी गाड़ी ठीक ना कर सका। उस स्थान से कुछ दूरी पर ही इटौरिया का जय गुरुदेव आश्रम स्थित था। हम लोग खींच कर धक्का देते हुए गाड़ी को आश्रम तक ले गए तथा वहीं रुक कर रात्रि विश्राम करना उचित समझा।

इटौरिया का आश्रम बहुत सुंदर था। हरे-भरे वृक्षों, फूलों-फलों व लताओं से घिरा आश्रम अत्यंत मनमोहक था। आश्रम के मध्य में बहुत सुंदर मंदिर बना था- जिसमें स्वामी जी की बड़ी सी तस्वीर लगी थी। हम लोगों ने मंदिर में जाकर दर्शन किए। वहां के दृश्य ने हमें यह सोचने को विवश कर दिया कि संभवत: इस आश्रम की शोभा दिखाने के लिए ही यह सारी लीला रची गई है। वहां के आश्रम वासी भी अत्यंत सहृदय थे। आनन-फानन में ही उन्होंने हम सबके रात्रि विश्राम हेतु दरियों, बाल्टियों व अन्य वस्तुओं की व्यवस्था कर दी। अपने-अपने घरों से भोजन आदि की व्यवस्था भी उन्होंने की। हमारे पास भी फल तथा थोड़ा बहुत भोजन था-जिसे खाकर हमने आराम करना ही उचित समझा, क्योंकि उस समय तक हम सभी बहुत थक गए थे।

अगले दिन प्रात: मैकेनिक को बुलाकर गाड़ी ठीक कराई गई। आश्रम वासियों ने अपने घर ले जाकर हमें बहुत स्वादिष्ट भोजन करवाया। आश्रम के पीछे ही सत्संगी भाइयों के घर व खेत थे। वहीं नहा धोकर तैयार होकर हमने घर की महिलाओं से विदा ली। वहां के आश्रमवासी सत्संगी भाई बहनों के हम सदा आभारी रहेंगे-जिन्होंने परेशानी के क्षणों में हमें पूर्ण सहयोग व सुरक्षा प्रदान की।

कानपुर कार्यक्रम

कानपुर नगर में स्वामी जी का कार्यक्रम 53 दिवसीय काफिले के समापन पर 07 मई 2006 में हुआ। कानपुर में पनकी स्टेशन के पास बदुआपुर जमई गांव में कार्यक्रम स्थल था। मेरे चाचा स्वर्गीय श्री जय स्वरूप सक्सेना जी ने वहां जाने के लिए हमसे पूछा, तो मैंने तथा मेरी बड़ी बहन डॉ. नीरू ने तुरंत हामी भर दी। कार्यक्रम में जाने की बात से हमारी खुशी का ठिकाना न था। पीलीभीत से ट्रेन द्वारा हम लखनऊ और लखनऊ से ट्रेन बदलकर कानपुर पहुंच गए। ट्रेन सत्संगियों से भरी हुई थी। पीलीभीत के ही स्वर्गीय डॉक्टर हरीश शरण दास जी जो रिश्ते में हमारे नाना लगते थे। मेरे पिता के अच्छे मित्र थे। वह भी हमारे साथ गए थे। अपार भीड़ थी।

कार्यक्रम स्थल पर एक ओर पीलीभीत की संगत के लिए टेंट की व्यवस्था थी। वहीं हमें अपना सामान, बैग आदि रखने की जगह मिल गई। डॉक्टर साहब बुजुर्ग थे अतः उनके लिए एक फोल्डिंग चारपाई भी मिल गई थी। धूप हल्की होने पर हम

सत्संग स्थल देखने गए-वहां की शोभा देखने लायक थी। बहुत बड़े मंच के आगे मूर्तियां, वृक्ष व फव्वारे लगाकर बहुत सुंदर रूप दिया गया था। विशाल मंच को देखकर लोग चर्चा कर रहे थे कि स्वामी जी की गाड़ी को मंच पर लाया जाएगा, इसलिए इतना बड़ा मंच बनाया गया है। हम सभी आश्चर्य में थे कि गाड़ी मंच पर कैसे पहुंचेगी?

सायंकाल जब सत्संग प्रारंभ होने वाला था, हम जल्दी जाकर आगे बैठ गए-जिससे सारा दृश्य हम अपनी आंखों से देख सकें। कुछ ही देर में स्वामी जी की गाड़ी आ गई। वहां के सत्संगी साथ में चल रहे थे। वास्तव में स्वामी जी की गाड़ी मंच के ऊपर आई। जैसा कि सत्संगियों ने बताया था। कुछ क्षण में ही स्वामी जी गाड़ी से बाहर आ गए। बहुत ही अच्छी व अद्भुत व्यवस्था थी।

स्वामी जी ने मंच पर बैठकर जय गुरुदेव नाम की आवाज लगाई और सत्संग प्रारंभ किया। सारा क्षेत्र जय गुरुदेव नाम से गूंज उठा। काफी देर तक सत्संग होता रहा और सभी एक चित्त, मंत्र मुग्ध होकर सत्संग सुनते रहे। अंत में स्वामी जी ने नाम दान दिया और बड़े प्यार से सारी विधि समझाई। अंत में प्रार्थना बोलकर मंच पर खड़े हो गए। स्वामी जी ने अपने दोनों हाथ ऊपर उठा दिए-जैसे हम सब की रक्षा और संभाल के लिए हाथ उठाये हैं। हम सब ने भी अपने दोनों हाथ ऊपर की तरफ उठा दिए। सबके मन में यही भाव था कि मालिक हम आपकी शरण में हैं। हम सब की रक्षा और संभाल कीजिए। फिर स्वामी जी के मंच से उतरने के बाद हम सब भी अपने-अपने टेंट व रावटी की ओर चल दिए।

रात्रि में जितने लोगों को टेंट में जगह मिल गई, वह उनमें बिछी दरियों पर लेट गये। बाकी बचे लोग बाहर खुले मैदान में दरी-चटाई बिछाकर लेट गए। हम लोग भी बाहर ही लेटे थे। कुछ देर बाद अचानक ऐसा लगा-जैसे समीप में लेटे चाचा श्री जयस्वरूप सक्सेना जी को कुछ परेशानी हो रही है। वह उठकर बैठ गए। हम लोग भी उठ गए। हम दौड़कर डॉक्टर हरीश शरण दास (नाना जी) जो हमारे साथ ही वहां गए थे, अभी टेंट में सो रहे थे-उनके पास दवा लेने पहुंचे। सभी सोए हुए थे-

अत ः ढूंढ पाना बड़ा मुश्किल हो रहा था। किसी तरह उनको ढूंढ कर दवा ली और लाकर चाचा जी को खिलाई। काफी देर तक जब आराम ना हुआ, तो हम लोग बहुत घबरा गए और जय गुरुदेव नाम का उच्चारण करने लगे। थोड़ी देर बाद उन्हें कुछ आराम मिला, तब हमें शांति मिली। धीरे-धीरे सुबह होने तक उनका स्वास्थ्य काफी सुधर गया। हमने हाथ जोड़कर मालिक को प्रणाम किया, जिनकी दया से बहुत बड़ी विपत्ति आते-आते टल गई।

अगले दिन स्वामी जी ने वहां से प्रस्थान किया और हम लोग भी ट्रेन से लखनऊ की ओर चल दिए। वहां से हम पीलीभीत आ गए। वहां के उन स्वर्णिम दिनों की यादें आज भी हमारे नेत्रों के समक्ष ताजा हो जाती हैं और मालिक की लीलाएं व हम पर की गई दया को याद करके मन गदगद हो जाता है।

लखनऊ कार्यक्रम

स्वामी जी का लखनऊ में कार्यक्रम 10-11 जून 2006 में था। हम लोग भी अपनी गाड़ी से लखनऊ पहुंच गए। एक विशाल मैदान में कार्यक्रम स्थल व सत्संग मंच बनाया गया था। सत्संगी कन्याओं ने कार्यक्रम स्थल को बहुत सुंदर-सुंदर अल्पनाओं से सजाया था। सत्संग मंच के ऊपर एक विशाल पंडाल था। मंच के सामने सुंदर-सुंदर मूर्तियां व फल फूलों से लगे नकली पेड़-पौधे सजाए गए थे। जो असली होने का भ्रम उत्पन्न कर रहे थे। उस स्थल को देखने के लिए सत्संगियों की भीड़ उमड़ रही थी। अगली प्रातः स्वामी जी का आगमन होने वाला था। हम सभी भाई-बहन मां के साथ जल्दी-जल्दी दैनिक कार्यों से निवृत होकर परम पूज्य स्वामी जी के स्वागत हेतु गेट की तरफ पहुंच गए। दूर-दूर तक लोग सड़क के किनारे पटाखे और ढोल नगाड़े लेकर खड़े थे। महिलाएं गुलाबी रंग की साड़ी पहनकर सिर पर कलश के ऊपर दीपक रखकर खड़ी थी। कोई कोई जो थक जाती थी, वह कलश नीचे रखकर बैठ भी जाती थी। स्वामी जी के आगमन की सूचना मिलते ही सड़क के दोनों ओर सभी खड़े हो गए। जोर-जोर से जय गुरुदेव नाम की आवाज लग रही थी।

कार्यक्रम स्थल पर स्वामी जी की गाड़ी के प्रवेश करते ही जोर-जोर से पटाखों की आवाज़ें आने लगी। सेवादार हाथ में लाठी पकड़कर भीड़ को पंक्ति में खड़ा करने लगे। एक दो गाड़ियां जब फूल मालाओं से लदी हुई आईं, तो लगा कि स्वामी जी की गाड़ी आ गई, पर निकट आने पर ज्ञात हुआ, कि इस गाड़ी में दादा गुरु जी का फोटो है और यह गाड़ी स्वामी जी की गाड़ी के आगे चल रही है। सभी लोग पंक्ति में हाथ जोड़े खड़े थे।

दो-तीन गाड़ियां आगे निकलने के बाद जो गाड़ी आई, वह पूरी तरह से फूलों से ढकी हुई थी। सत्संगी फूलों और मालाओं की बरसात सी कर रहे थे। जिससे स्वामी जी की गाड़ी की छत और आगे के बोनट पर गेंदा और गुलाब के फूलों का ढेर सा लग गया था। काफी भीड़ थी, संभालना मुश्किल हो रहा था। मेरे भाइयों मुकेश, मनोज, साकेत ने भी हाथ में डंडा पकड़ कर भीड़ को व्यवस्थित करना प्रारंभ कर दिया। हम सब बहनें भी स्वामी जी की गाड़ी के आगे रास्ते की भीड़ को हटाने में मदद करने लगे। स्वामी जी कार में बैठे हुए अपनी दृष्टि हम सब पर डालकर दया

की बरसात कर रहे थे। अलौकिक दृश्य था–जिसका वर्णन शब्दों में पूर्ण रूप से करना असंभव है, केवल अनुभव ही किया जा सकता है।

सायंकाल स्वामी जी का अद्भुत अलौकिक सत्संग हम सबको मिला। स्वामी जी ने काफी देर सत्संग किया और नए प्रेमियों को नाम दान भी दिया। हमारे परिवार के सभी लोग मां तथा भाई-बहन, लखनऊ निवासी चाचा स्वर्गीय श्री पीतांबर स्वरूप चाची (मौसी) श्रीमती पुष्पा सक्सेना और पीलीभीत निवासी चाचा स्वर्गीय श्री जय स्वरूप चाची श्रीमती पंकज सक्सेना तथा उनके परिवार के भी सभी लोग सत्संग स्थल पर पहुंच चुके थे। मंच के एक ओर बैठकर हम सब ने सत्संग सुना व नामदान दोहराया। सत्संग के उपरांत सभी अपने-अपने रात्रि विश्राम के ठिकानों पर चले गए तथा अनेक सत्संगी काफी रात तक सत्संग मंच के आसपास की शोभा को निरखते रहे। अगले दिन प्रातःकाल स्वामी जी तथा काफिले की अन्य गाड़ियों के लखनऊ से चले जाने के बाद हम सब भी पीलीभीत के लिए निकल पड़े।

बदायूं में कार्यक्रम

एक बार बदायूं में स्वामी जी का सत्संग कार्यक्रम था दिनांक मुझे ठीक से स्मरण नहीं है। उस बार पीलीभीत में कार्यक्रम नहीं हुआ। हम लोग ट्रेन द्वारा समय से पूर्व ही बदायूं पहुंच गए। विशाल मैदान में सत्संग कार्यक्रम था। अपार भीड़ थी। स्वामी जी बहुत प्रसन्न दिखाई दे रहे थे। काफी देर तक सत्संग के बाद स्वामी जी ने नामदान दिया तथा सुमिरन ध्यान भजन का अभ्यास भी करवाया। बाद में अधिक देर तक न रुक कर गाड़ी में बैठकर, अगले कार्यक्रम हेतु काफिला आगे बढ़ गया और हम लोग भी वापस आ गए।

बदायूं में ही एक बार और हमारां, स्वामी जी के कार्यक्रम में जाना संभव हुआ। 13, 14मई 2003 में स्वामी जी का काफिला बदायूं से आगे मथुरा मार्ग पर कछला घाट के समीप कछला कस्बे के एक बाग में आना था। वहां विशाल कार्यक्रम का

आयोजन था। हम लोग पीलीभीत से चलकर कछला के उस बाग में समय से पहुंच गए। स्वामी जी की गाड़ी के साथ जब अन्य गाड़ियों का काफिला वहां आया, तो सारा वातावरण जय गुरुदेव ध्वनि से गूंज उठा। भव्य स्वागत किया गया। मार्ग पर फूल ही फूल दिखाई दे रहे थे। स्वामी जी की गाड़ी उनके विश्राम हेतु बनाई गई कुटिया के पास पहुंच गई और स्वामी जी उतरकर अंदर चले गए।

वहां पर बहुत अधिक टेंट की व्यवस्था नहीं थी, अतः हम लोगों ने अपनी गाड़ी एक ओर पेड़ के पास खड़ी करके पास में ही दरी बिछाकर लेटने–बैठने की व्यवस्था कर ली। हमारे साथ मेरी मां श्रीमती माया सक्सेना बहनें नीरू, मीनू, अन्जू भाई मुकेश, मनोज, साकेत तथा दूसरी गाड़ी में चाचा स्वर्गीय श्री जय स्वरूप सक्सेना जी, चाची पंकज सक्सेना व उनका परिवार भी था। हम सभी एक स्थान पर ही ठहर गए। सायंकाल स्वामी जी का सत्संग हुआ। हम सभी ने निकट से स्वामी जी का सत्संग सुना और नाम दान दोहराया।

सत्संग की समाप्ति के बाद स्वामी जी विश्राम हेतु कुटिया में चले गए और हम लोग इधर–उधर घूम कर सारे कार्यक्रम स्थल को देखते रहे। बड़ा ही अद्भुत वातावरण था। जगह–जगह भंडारे चल रहे थे कोई भी व्यक्ति किसी भी भंडारे में भोजन कर सकता था। हम लोगों ने भी एक भंडारे के सत्संगियों के बुलाने पर वहां जाकर भोजन किया और रात्रि विश्राम हेतु अपनी गाड़ियों के निकट बिछाई गई दरियों पर जाकर रात्रि विश्राम किया।

सवेरा होने पर स्वामी जी ने कछला तथा आसपास के क्षेत्र से आए सत्संगियों को दर्शन दिए। कुछ देर बाद अगले कार्यक्रम हेतु बदायूं की ओर स्वामी जी के साथ काफिला बढ़ चला। मेरे भाई तथा चाचा ने भी अपनी गाड़ी काफिले के साथ लगा दी। बदायूं में राजकीय इंटर कॉलेज के मैदान में कार्यक्रम था। कॉलेज में ही एक ओर दीवार के किनारे गाड़ियों को खड़ा करने की व्यवस्था थी। हम लोगों ने भी अपनी गाड़ी एक ओर खड़ी कर दी, और दौड़कर सबसे आगे की पंक्ति में बैठने की जगह ले ली। मालिक की कृपा से वहां भी हमें सबसे आगे बैठकर सत्संग सुनने को

मिला। स्वामी जी ने काफी देर बहुत समझा-समझा कर सत्संग और नामदान दिया।

सत्संग के बाद स्वामी जी की गाड़ी अगले पड़ाव की ओर बढ़ चली। हम सब भी स्वामी जी की गाड़ी को विदा कर पीलीभीत की ओर चल पड़े। काफिले में चाचा का बेटा तरुण बाइक से चल रहा था अतः वह काफिले के साथ ही चला गया।

पीलीभीत रेलवे कालोनी में कार्यक्रम

हमारे नगर पीलीभीत में स्वामी जी ने कई बड़े-बड़े कार्यक्रम किये। जिसमें उन्होंने रात्रि विश्राम भी पीलीभीत में ही किया। इस हेतु हम अपने जिले व स्वयं को सौभाग्यशाली समझते हैं।

एक बार स्वामी जी का कार्यक्रम पीलीभीत में अप्रैल 2010 में रेलवे के खाली पड़े मैदान पर था। यह स्थान पीलीभीत रेलवे स्टेशन के निकट ही था। पीलीभीत के सभी सत्संगी पूरी निष्ठा से कार्यक्रम की तैयारी में जुटे थे। हम लोग भी सपरिवार मैदान पर जाकर वहां होने वाली तैयारी में सहयोग कर रहे थे। कार्यक्रम की तिथि से एक दिन पूर्व हम बहनों ने मिलकर सत्संग मंच और द्वार के बाहर काफी बड़ी अल्पना बनाई व अन्य सजावट की।

जिस दिन स्वामी जी का शुभागमन पीलीभीत की भूमि पर होना था, उस दिन हम लोग खाना खाकर मैदान पर पहुंच गए और स्वामी जी की प्रतीक्षा करने लगे। दिन ढलने लगा था, सभी सत्संगी मार्ग के दोनों ओर हाथों में फूल मालाएं लेकर प्रतीक्षा में खड़े थे। ग्रामीण महिलाएं अपने सिर पर कलश और हाथों में आरती का थाल सजाए खड़ी थीं। एकाएक काफी दूर से पटाखों की आवाज़ें आने लगी, जिससे

अनुमान होने लगा कि स्वामी जी आ गए हैं। सभी लोग अलर्ट हो गए और फूल लेकर मार्ग के दोनों ओर खड़े हो गए।

कुछ ही देर में स्वामी जी की गाड़ी समीप आ गई। स्वामी जी वैन में बैठे हुए थे, जो काफी बड़ी थी। हम सबको खड़ा देख स्वामी जी ने वैन की खिड़की के शीशे खोल दिए। हम लोगों ने बिल्कुल करीब से स्वामी जी के दर्शन किए, फिर गाड़ी आगे बढ़ गई। हमारी प्रसन्नता का ठिकाना न था, क्योंकि हमारी बनाई हुई अल्पना के ऊपर से गुजरती हुई स्वामी जी की गाड़ी मैदान में अंदर चली गई। मैदान में लगी कनातों को अंदर से बंद कर लिया गया। हम लोग भी उस स्थान पर, जो लोगों के बैठने हेतु बनाया गया था-वहां बैठकर विश्राम करने लगे। यद्यपि हमारा घर उस मैदान से अधिक दूर नहीं था, पर हमारा मन इस बात के लिए बिल्कुल तैयार नहीं था, कि हम स्वामी जी को छोड़कर घर जाएं।

आसमान में अंधकार छाने लगा था। हमने रात्रि में इस मैदान में रुकने का निश्चय किया। जिससे समय-समय पर स्वामी जी के दर्शन मिल सकें। मैदान में सत्संगियों के रात्रि विश्राम हेतु बड़ा सा टेंट लगाया गया था। हम लोग भी वहीं रुक कर आराम करने लगे। भोजन के लिए भंडारे की व्यवस्था थी। जहां से हम लोगों ने भी थोड़ा-थोड़ा भोजन प्रसाद ले लिया और टेंट में जाकर लेट गए। सत्संगी भाई हम लोगों का बहुत ध्यान रखते थे, क्योंकि हमारे चाचा व भाई लोग उनके साथ ही कार्यक्रम की पूर्ण व्यवस्था करवाते थे।

रात्रि में ढाई तीन बजे का समय रहा होगा। एक सत्संगी भाई ने आकर धीरे से हमसे कहा कि क्या स्वामी जी के दर्शन करने हैं? हम हड़बड़ा कर उठ गए और समीप में लेटे भाई-बहनों को धीरे से उठा दिया-जिससे सभी लोग ना जाग जाएं। वह सत्संगी भाई हमें उस स्थान पर ले गए-जहां स्वामी जी व साथ आए प्रमुख सत्संगी भाई आदरणीय उमाकांत तिवारी जी तथा अन्य के रुकने की व्यवस्था थी।

एक खुले टेंट में हमें बैठा दिया गया। बहुत शांति थी। कुछ और लोग भी बैठे थे, पर कोई कुछ भी नहीं बोल रहा था। यदि बोलना अति आवश्यक होता, तो बहुत

धीरे-धीरे बोल रहे थे। सभी लोग नहा धोकर सुबह के सत्संग की तैयारी में लगे थे। टेंट से बाहर निकलने पर देखा, कि कुछ दूरी पर स्वामी जी भी स्नान कर रहे थे। मथुरा आश्रम पर रहने वाले कुछ सत्संगी भाई स्वामी जी की सेवा में लगे थे। हम लोग टेंट के अंदर जाकर बैठ गए। स्नान करने के बाद स्वामी जी टेंट में न जाकर सीधे वैन में चले गए। यह देखकर हम लोग भी बाहर निकल आए। वैन का ड्राइवर धीमे-धीमे गाड़ी चला रहा था और स्वामी जी वहां आए लोगों को दर्शन दे रहे थे। हम लोग भी भाग कर गाड़ी के पास पहुंच गए। स्वामी जी ने गाड़ी की खिड़की खोलकर इतनी अच्छी तरह हम सबको दर्शन दिए कि हमारा मन गदगद हो गया। फिर स्वामी जी की गाड़ी सत्संग मैदान की तरफ चल पड़ी। हम लोग भी भाग कर सत्संग मैदान में पहुंच गए और सबसे आगे जगह ले ली।

मालिक की दया से सबसे आगे बैठकर बिल्कुल पास से सत्संग सुनने को मिला। स्वामी जी महाराज उस दिन बहुत खुश थे। काफी देर तक उन्होंने सत्संग सुनाया और समझा समझा कर नामदान दिया। सत्संग के बाद स्वामी जी विश्राम

हेतु बनाई गई कुटिया में चले गए। हम लोग वहीं मैदान में ठहर गए।

उस दिन एक अद्भुत घटना घटी। मेरी छोटी बहन अंजू के स्कूल में कार्य करने वाले नृत्य व संगीत के एक टीचर युवक, जो मुस्लिम हैं, हर समय हम लोगों से स्वामी जी के बारे में बातचीत किया करते थे किंतु स्वामी जी को उसने कभी निकट से नहीं देखा था। उसकी तीव्र इच्छा थी कि वह भी स्वामी जी के दर्शन कर पाए। हम लोगों को अचानक उसकी याद आ गई। मेरी बहन ने उसे फोन मिलाया, मालूम चला कि वह बाइक द्वारा किसी आवश्यक कार्य से पीलीभीत से बाहर बरेली जा रहा है, अतः उसे समझ नहीं आ रहा था कि क्या करें। एक तरफ आवश्यक काम और दूसरी ओर स्वामी जी से मिलने की तीव्र इच्छा। तभी मार्ग में पड़ने वाली रेलवे लाइन के गेट को उसने बंद पाया। पता लगा कि गेट खुलने में अभी देर लगेगी। यह सुनते ही उसने बाइक मोड़ ली और सत्संग मैदान में हम लोगों के पास पहुंच गया। अब उसे स्वामी जी के दर्शन करवाना हमारे लिए आवश्यक हो गया। कुटिया के पास सेवा में लगे सेवादार भाइयों से बहुत मिन्नतें की, परंतु वे तैयार नहीं हो रहे थे, तब मेरे छोटे भाई मनोज सक्सेना ने पीलीभीत के प्रमुख सत्संगी श्री आनंद बहादुर सक्सेना जी को पूरी बात बताई। उन्होंने कहा कि हम मालिक से अनुमति लेकर आते हैं। कुछ देर में ही उन्होंने बाहर आकर कहा कि तुम लोग जल्दी से आ जाओ, स्वामी जी बैठे हैंऔर दर्शन देने की मौज है। थोड़ी ही देर में निकलने वाले हैं। हम लोग जावेद को साथ लेकर जल्दी से अंदर पहुंचे। स्वामी जी सामने ही कुर्सी पर बैठे थे। हम लोग एक-एक कर उनके निकट पहुंचे और स्वामी जी ने हमारे सिर पर हाथ रखकर हम पर दया की। जावेद के सिर पर भी स्वामी जी ने बड़े प्यार से अपना हाथ रखा उसकी खुशी का ठिकाना न था। फिर हम लोग हाथ जोड़कर बाहर आ गये। जावेद आज भी स्वामी जी के प्रति पूर्ण श्रद्धा रखता है तथा स्वामी जी के गमन के दिन वह भी अपनी कार से रात को ही मेरी छोटी बहन को लेकर मथुरा पहुंचा और वहां पहुंचकर फूट-फूट कर रोया। आज भी स्वामी जी के प्रति वह पूर्ण श्रद्धा रखता है।

परम पूज्य स्वामी जी के सभी कार्यक्रमों में पीलीभीत संगत के प्रमुख सत्संगी लाला श्री कृष्ण जी, सुन्दर लाल जी, पूरन लाल जी, रवींद्र सिंह जी, डॉ. मँगली प्रसाद जी, ताराचंद जी, घासीराम जी, तथा पूरी संगत बढ़ चढ़ कर सहयोग करती थी।

हम लोग सत्संग मैदान में ही रुके थे। कुछ देर बाद ही स्वामी जी गाड़ी में बैठकर बाहर निकल आए और उनका काफिला अगले कार्यक्रम स्थल की ओर चल दिया। हम लोग भी सबके चले जाने के बाद अपने घर को चल दिए।

स्वामी जी का काफिला जब चला जाता था, तो काफी देर तक हम लोग अपने आप को बड़ा असहज महसूस करते थे। स्वामी जी महाराज के चले जाने पर बड़ा दुख सभी को होता था।

स्वामी जी की अपार दया

परम पूज्य स्वामी जी की अपार दया का अनुभव हमें अनेक बार हुआ। स्वामी जी के निकट जाने पर अलौकिकता का आभास स्वत होने लगता था। हमें हमेशा स्वामी जी के निकट तक पहुंचने का सौभाग्य मिला, किंतु 'स्वामी जी दया कीजिए' अथवा 'जय गुरुदेव' नाम ही मुख से निकलता था। एक बार सन 1998 में मेरा स्वास्थ्य काफी खराब हो गया। कुछ भी भोजन पच नहीं रहा था। खाते ही पेट में दर्द शुरू हो जाता था। बहुत इलाज कराया आयुर्वेद, होम्योपैथी, तिब्बती तथा थोड़ा एलोपैथी इलाज भी कराया। स्वामी जी ने एक बार सत्संग में कहा कि जहां तक हो होम्योपैथी दवाओं से ही इलाज कराना चाहिए। मुझे भी होम्योपैथिक दवाओं पर ही विश्वास था, क्योंकि मेरे पिता भी होम्योपैथिक डॉक्टर थे। वह कहते थे कि इन दवाओं का असर रोग की जड़ पर होता है। मैंने होम्योपैथिक इलाज अधिक कराया किंतु फायदा बिल्कुल नहीं हो रहा था। शरीर कमजोर होता जा रहा था।

मैंने मालिक की इच्छा पर सब कुछ छोड़ दिया। दवाई चलती रही। जून के महीने

में कॉलेज की छुट्टियां होने पर मैं अपनी बहनों नीरू, मीनू, अंजू तथा भाई मुकेश और भाभी अनुराधा के साथ मथुरा आश्रम पर गई। गर्मी बहुत प्रचंड थी। हम लोग आश्रम के दायीं ओर आंवले की बगिया के पीछे लगे विशाल पीपल के पेड़ की छाया में चादर डालकर बैठ गए। पास में ही ट्यूबवेल लगा था, जिसके पानी से हवा ठंडी होकर आ रही थी। अन्य सत्संगी भाई-बहन भी वहां पर बैठे थे। मैं सिर झुकाए बैठी थी, क्योंकि काफी दुर्बलता लग रही थी। कुछ भी खाने की हिम्मत नहीं हो रही थी। पास में बैठी एक सत्संगी बहन ने पूछा कि क्या तबीयत ठीक नहीं है? मैंने कहा कि हां। बहन ने बताया कि इनकी तबीयत काफी दिनों से खराब चल रही है और किसी दवा से फायदा नहीं हो रहा है। उस सत्संगी बहन ने कहा कि स्वामी जी से क्यों नहीं कहती हो। मैंने कहा कि डर लगता है, हमें स्वामी जी के सामने कुछ भी बोलने की हिम्मत नहीं होती है। तब वह बहन बोली कि डरो मत, मालिक हमारे हैं। वह अवश्य दया करेंगे। मैंने कहा ठीक है, पर मन में हिम्मत नहीं आ रही थी।

धूप कम होने पर हम आश्रम के अंदर वाले डाक बंगले की तरफ वाले गेट की ओर यह देखने गए कि शायद स्वामी जी दिखाई दे जाएं। आश्रम में जहां कारें खड़ी होती हैं, वहां के आंगन में ईंटें बिछाने का काम हो रहा था। हम लोग वहीं दरवाजे पर खड़े हो गए। हम आश्चर्यचकित हो गए, जब हमने देखा कि कुटिया के गेट से स्वामी जी हमारी तरफ ही आ रहे थे। स्वामी जी सभी सेवादारों को निर्देश देते हुए हमारे निकट ही आ गए। सभी लोगों ने दौड़ कर चरण स्पर्श किए। स्वामी जी ने सभी के सिर पर हाथ रख कर दया की। मैंने स्वामी जी के चरण स्पर्श किए और खड़ी होकर स्वामी जी को देखने लगी, पर कुछ कहने का साहस नहीं हो रहा था। स्वामी जी मुझे ही देख रहे थे, तब मैंने बड़ी हिम्मत जुटाकर कहा, मालिक मेरी तबियत ठीक नहीं हो रही है। पेट में बहुत परेशानी है और कोई दवा काम नहीं कर रही है। स्वामी जी ने बहुत प्यार व दया भरी आवाज में पूछा, 'दवा खाई'। स्वामी जी की वह आवाज आज भी मुझे बार-बार स्मरण आती है। मैंने कहा स्वामी जी होम्योपैथिक दवा खाई। स्वामी जी कुछ देर मुझे देखते रहे, फिर बोले- अच्छा चलो निकलो। मैं

डर गई कि स्वामी जी नाराज तो नहीं हो गए। मैं अपने भाई बहनों के साथ निकल कर आश्रम के अंदर वाले बड़े गेट की तरफ आ गई। स्वामी जी भी उधर ही आ गए थे। हम लोगों के वहां पहुंचने पर वह कुटिया की तरफ चले गए। हम लोग भी हाथ जोड़कर वहां से निकल गए। सभी पूछ रहे थे कि स्वामी जी ने क्या कहा, पर मुझे समझ ही नहीं आ रहा था कि क्या कहूं। मैंने कहा, मैंने मालिक से अपनी बात कह दी है। अब मालिक ही जानें। अगले दिन हम पीलीभीत वापस लौट आए। उसके बाद धीरे-धीरे मेरा वह रोग छूमंतर होता चला गया। मालिक की अपार दया से मुझे नवजीवन मिल गया।

दाता दयाल परम पूज्य स्वामी जी महाराज की अपार दया हम सब पर सदैव रही। साल भर में कम से कम चार बार हम स्वामी जी के दर्शन हेतु मथुरा आश्रम पर पहुंच ही जाते थे। आश्रम पर सुबह दोपहर शाम को हम लोग दौड़ दौड़ कर स्वामी जी के दर्शन करने जाते थे। प्रत्येक बार नए-नए अनुभव हमें होते थे। कितनी ही घटनाएं ऐसी होती थी, जिन्हें भूलना असंभव है, किंतु हर घटना का वर्णन इस संस्मरण में कर पाना संभव नहीं है, अतः केवल उन्हीं क्षणों का वर्णन यहां किया गया है, जिन्हें अन्य सत्संगी भाई बहनों ने भी अनुभव किया होगा और उनके मन मस्तिष्क पर भी कुछ यादें अवश्य छाई रहती होंगी।

मेरे इस संस्मरण में कुछ भूल चूक यदि हो गई हो तो मैं परम पूज्य स्वामी जी महाराज से क्षमा प्रार्थी हूं और विनती करती हूं कि अपनी दया दृष्टि मुझ पर तथा मेरे परिवार पर सदैव बनाए रखें।

डॉ. जवाहर लाल शर्मा जी की पुस्तक के कुछ अंश

डॉ. जवाहर लाल शर्मा जी की पुस्तक 'मुक्ति दिवस एवं जेल कथा' से साभार उद्धृत कुछ अंश जिसमें मेरे पिता से सम्बंधित कुछ विशिष्ट जानकारी।

जगन्नाथ सिंह गाजीपुर वाले ने प्रयास करके एक बहुत ही छोटे आकार वाला

गुप्तचर फोटो कैमरा प्राप्त किया। वह ऑटोमेटिक कैमरा ऐसा था कि व्यक्ति स्वयं भी अपना फोटो थोड़े दूर से भी खींच सकता था और फोटो खींच लेने के बाद उस कैमरे में से पासपोर्ट साइज का पॉजिटिव फोटो ऑटोमेटिक निकल आता था। वह कोई विदेशी कैमरा था। जगन्नाथ सिंह उस समय देवरिया गए थे तो वहां डॉक्टर विमला कुमारी जैन से मिले।

उन्होंने अपना प्रोग्राम उनको बताया कि उनको बरेली स्वामी जी को देखने जाना है। डॉ. विमला जैन ने जगन्नाथ सिंह से कहा कि आपके साथ मै भी चलूंगी। मेरी गाड़ी में आप मेरे साथ ही सुरक्षित चलिए। बरेली के लिए जाते वक्त गोरखपुर में सीआई डी वाले रामराजन पांडे भी मिल गए और वह भी इन लोगों के साथ चलने के लिए तैयार हो गए। वह जैसे थे वैसे ही उनकी गाड़ी में बैठ गए। अब तीनों आदमी देवरिया से गोरखपुर होते हुए बरेली पहुंचे। यह लोग सीधे इज्जत नगर में यंत्री प्रसाद चौधरी के क्वार्टर पर गए–जहां सत्संगियों के ठहरने की गोपनीय व्यवस्था की गई थी। अपनी योजना के अनुसार अगले 7 नवंबर 1976 रविवार के दिन राजरानी भट्टू ने जब स्वामी जी को भेजने के लिए भोजन का टिफिन भरा, तो इस टिफिन के एक बॉक्स में कागज में लपेटकर उस कैमरे को जगन्नाथ सिंह ने अपना नाम लिखकर रख दिया। रोज की तरह से ही भोला सिपाही ने राजरानी भट्टू से टिफिन लेकर जेल में जाकर स्वामी जी को उनके कमरे में दे दिया और टिफिन देकर चला गया।

स्वामी जी ने टिफिन खोला तो उसमें छोटा ऑटोमेटिक फोटो कैमरा रखा हुआ मिला। वे फौरन जगन्नाथ सिंह द्वारा कैमरा भेजने का मतलब समझ गए और बिना देरी किए बाहर निकल कर गुप्त रूप से उससे अपना बेड़ी पहने हुए फोटो खींच लिया। किसी ने फोटो खींचते हुए उनको नहीं देखा। फिर स्वामी जी ने उस कैमरे को कागज में लपेटकर टिफिन में रख दिया और एक कागज पर स्वामी जी ने एक अपने बहुत नजदीकी और विश्वासपात्र सत्संगी फोटोग्राफर का नाम पता जिला लिखकर उसमें रख दिया। रोज की तरह से ही भोला सिपाही ने स्वामी जी के कमरे

से उस टिफिन को जेल के बाहर ले जाकर राजरानी भट्ट को दे दिया। वह टिफिन लेकर इज्ज़त नगर के क्वार्टर पर आ गई। टिफिन को खोलकर जगन्नाथ सिंह ने देखा तो पाया कि कैमरे से फोटो खींच लिया गया है और जो फोटोग्राफर का नाम व पता स्वामी जी ने कागज पर लिखा है उनको जगन्नाथ सिंह जानते पहचानते हैं।

सबको बहुत प्रसन्नता हुई कि स्वामी जी का बेड़ी पहने हुए फोटो मिल गया। उस दिन वहां पर स्वामी जी के किसी तरह से दर्शन पाने की इच्छा से वे लोग रुके रहे और दूसरे दिन सुबह के समय जब स्वामी जी शौच आदि के लिए कमरे में से निकलकर जाते, तो टहलते हुए गेट के सामने थोड़ी दूरी पर खड़े रहे। इस समय गेट के बाहर से ही इन लोगों को स्वामी जी के दर्शन भी मिल गए और स्वामी जी ने भी इन लोगों को देखा तथा अपना हाथ उठाकर आशीर्वाद दिया। इन लोगों की इच्छा पूरी हो गई। यह लोग फिर बरेली से चले गए।

बरेली से जगन्नाथ सिंह अकेले ही पीलीभीत पहुंचे। रात हो गई थी। नवंबर 76 की 9 तारीख थी। वह कृष्णा फोटोग्राफर, कृष्ण स्वरूप सक्सेना से मिले। यह लोग पहले से ही पूर्व परिचित थे। जगन्नाथ सिंह ने फोटो खींचने का पूरा किस्सा उनको बताया। फिर उनको स्वामी जी का खींचा हुआ पासपोर्ट साइज का फोटो दिया। सक्सेना ने स्वामी जी को बेड़ी पहने हुए उस फोटो को देखा और जगन्नाथ सिंह से बोले कि यह पॉजिटिव फोटो है। इसे फिर नेगेटिव बनाकर मैं और बड़े साइज का फोटो बना दूंगा। आपातकाल में पुलिस घूमती रहती है, इसलिए मैं इसको गुप्त रूप से बनाऊंगा। गुरु महाराज के आज्ञा का पालन होगा और फोटो बन जाएगा। आप अब यहां से चले जाइए। फोटो को मैं अपने पास सुरक्षित छुपा कर रख दूंगा और जब आपातकाल खत्म होगा, उसके बाद स्वामी जी के इस अद्भुत बेड़ी पहनाया हुआ फोटो किसी को दिया जाएगा। कृष्ण स्वरूप सक्सेना को फोटो देकर जगन्नाथ सिंह सीधे मऊ जंक्शन पर अपने रेलवे की नौकरी पर चले गए। कृष्ण स्वरूप सक्सेना बहुत ही अच्छे फोटोग्राफर थे तथा स्वामी जी से उनका व्यक्तिगत रूप से संपर्क होता रहा था। उनके परिवार के सभी लोग भी स्वामी जी के नामदानी सत्संगी

थे। उन्होंने पहले स्वामी जी का कई फोटो पीलीभीत में खींचा था। बेड़ी वाला फोटो पाकर वे बहुत प्रसन्न तो हुए, लेकिन स्वामी जी का कष्ट देखकर उनका दिल रोता रहा। वे एक भावुक हृदय के, स्वामी के प्रति समर्पित शिष्य थे।

आपातकाल लगने के कारण दिनभर अपनी दुकान, कृष्णा फोटोग्राफर खोलने के बाद शाम को जल्दी से ही अपनी दुकान बंद कर देते थे। पीलीभीत में उनकी दुकान बहुत चर्चित थी, क्योंकि वे अच्छा से अच्छा फोटो खींचते थे। उनकी दुकान पर बड़े-बड़े राजनेता भी आते रहते थे। स्वामी जी महाराज का बेड़ी वाला फोटो बनाने के लिए गुप्त रूप से आधी रात को दुकान के भीतर जाकर फोटो बनाने का काम अकेले ही करते थे, ताकि किसी को भी इसका पता नहीं चल सके। स्वामी जी द्वारा खींचे गए पासपोर्ट साइज की पॉजिटिव फोटो, जिसको उन्हें जगन्नाथ सिंह दे गए थे, का पहले उन्होंने नेगेटिव फोटो बनाया। उसका जब नेगेटिव बना लिया गया, तब उस नेगेटिव से फिर उसका कई साइज में फोटो बनाया गया। गुप्त रूप से आधी रात में काम करके कृष्ण स्वरूप सक्सेना ने हफ्ते भर में फोटो तैयार कर दिया और उनके एक विश्वासपात्र पेंटर थे-हशमत पेंटर। हशमत अपनी पेंटिंग से फोटो को अच्छे से अच्छा और बड़ा से बड़ा साइज में बनाने में प्रवीण थे। कृष्ण स्वरूप सक्सेना ने हशमत पेंटर से स्वामी जी का बेड़ी वाला फोटो बनवाया। हशमत पेंटर ने बड़े ही गोपनीयता से बेड़ी वाले फोटो को बनाया। कृष्ण स्वरूप सक्सेना ने उनकी पेंटिंग की गई एक फोटो को माउंट कराकर अपने पास घर में छुपा कर सुरक्षित रख लिया। एक सप्ताह में जब फोटो बनाने का काम कृष्ण स्वरूप सक्सेना ने पूरा कर लिया, तो उसको वहां, जहां पुलिस का छापा पड़ने पर भी उसको नहीं मिल सके सुरक्षित रख दिया और अब वह उस दिन का इंतजार करने लगे, जब इस बेड़ी वाले फोटो को जनता के सामने लाने का अवसर मिले। दिन बीतते रहे। स्वामी जी को बेड़ी में बंध कर रहने में कष्ट होता रहा।

18 जनवरी 77 को प्रधानमंत्री इंदिरा गांधी ने घोषणा कर दी कि लोकसभा भंग कर दिया गया। अब आगे देश में लोकसभा का चुनाव होगा। इस समाचार को पाते

ही कृष्ण स्वरूप सक्सेना ने जय गुरुदेव सत्संग के बड़े-बड़े जिम्मेदार सत्संगियों से बात किया और स्वामी जी का बेड़ी वाला फोटो लखनऊ, वाराणसी, आजमगढ़, गोरखपुर, बरेली, इंदौर, मुंबई, अहमदाबाद, कोलकाता आदि के सत्संग केंद्रों पर उपलब्ध करा दिया। उस फोटो को पाने के बाद उसकी हजारों प्रतियां प्रेमियों द्वारा विभिन्न साइज में बनवा ली गईं और जब जनता पार्टी बन गई तथा उसको जिताने के लिए प्रचार करने का आदेश स्वामी जी से मिल गया, तो उस फोटो को देशभर में जनता को दिखाया जाने लगा। चुनाव प्रचार के दौरान बेड़ी वाला फोटो को बड़ा-बड़ा होर्डिंग भी बनवाकर प्रेमियों ने लगा दिया। पर्चों पर, पोस्टर पर, पत्र पत्रिकाओं में, कार्डों पर स्वामी जी का यह बेड़ी वाला फोटो छाप छाप कर जनता को दिखाया गया।

इस तरह से 7 नवंबर 76 को स्वामी जी का खींचा हुआ बेड़ी वाला फोटो ऐतिहासिक फोटो बन गया।

गुरु रक्षा हरदम संग
वार्षिक भंडारा कार्यक्रम

6 दिसंबर 1992 अगहन सुदी दशमी को दादा गुरु के भंडारा कार्यक्रम के अवसर पर हम लोगों को मथुरा जाने का सौभाग्य मिला। मेरे साथ मां श्रीमती माया सक्सेना, बहनें व भाई थे। हम लोग उस बार प्राइवेट बस द्वारा मथुरा गये थे। बस आनंद बाबू सक्सेना(नाना जी)द्वारा बुक करवाई गई थी- जिसमें उनके बच्चे व परिवार के अन्य लोग तथा डॉक्टर हरीश शरण दास(नाना जी)अपने परिवार के साथ गए थे। पीलीभीत के अन्य अनेक सत्संगी भी साथ में थे। पूरी बस भरी हुई

थी। बस के सभी लोग सारे रास्ते जय गुरुदेव नाम का उच्चारण करते जा रहे थे।

मथुरा आश्रम पहुंचने पर अद्भुत नजारा दृष्टिगोचर हुआ। बहुत भीड़ आई हुई थी। दूर-दूर तक बाजार लगी हुई थी। पूरा जय गुरुदेव मंदिर परिसर लाइटों से सजा हुआ था। लाइटों और फूलों की सजावट इतनी मनमोहक थी, कि नजरें हटाए नहीं हटती थी। दशमी तिथि की रात्रि को 12:00 बजे से मंदिर में पूजन आरंभ हुआ। सर्वप्रथम स्वामी जी महाराज ने मंदिर में आकर दादा गुरु जी के समाधि स्थल पर लगी तस्वीर के सामने पूजन किया और प्रसाद को स्पर्श कर हम सब सत्संगी भाई बहनों के लिए प्रसाद तैयार कर दिया। पूजन के बाद स्वामी जी कार से अपनी कुटिया में चले जाते थे। उसके बाद सभी सत्संगी भाई बहनें कतारें लगाकर मंदिर में जाकर पूजन किया करते थे।

कतारें कितनी लंबी होती थीं, बता पाना मुश्किल है। दिसंबर की कड़कड़ाती ठंड में, नंगे पैर, कंक्रीट की सड़क पर खड़े होकर, मंदिर की ओर बढ़ने वाले सत्संगियों की श्रद्धा देखते ही बनती थी। पूरे आश्रम तथा मंदिर परिसर व आसपास के खेतों में दूर-दूर तक पानी के पाइप लगे हुए थे – जहां हजारों की संख्या में स्त्री पुरुष रात्रि में ही स्नान करके तैयार होकर, पूजन करने के लिए भागते जा रहे थे। हम लोग भी हिम्मत करके रात्रि में ही स्नान करके, पूजन करने चल पड़ते थे। कतार में खड़े होकर मंदिर तक पहुंचने में काफी समय लग जाता था।

पूजन के बाद मंदिर से टेंट तक की दूरी तय कर, टेंट तक पहुंचने में भी समय लग जाता था। टेंट में पहुंचकर हम लोग रजाइयों में घुस जाते थे क्योंकि सवेरा होने पर बहुत जल्दी ही स्वामी जी मंच पर आकर सत्संग किया करते थे। जिसमें तैयारी करके हम जल्दी ही सत्संग मैदान में पहुंचते थे, जिससे आगे जगह मिल सके और हमें सत्संग साफ सुनाई पड़ सके।

हम लोगों ने सत्संग मैदान में पहुंचकर सत्संग सुना। सुबह और शाम दोनों समय स्वामी जी सत्संग करते थे। लाखों लोगों की भीड़ होती थी, पर सत्संग स्थल पर इतनी शांति होती थी, कि एक बच्चा भी बोलता था, तो दूर तक आवाज सुनाई

पड़ती थी। हम लोगों ने दोनों समय जाकर सत्संग का पूरा-पूरा लाभ प्राप्त किया।

अगले दिन पीलीभीत वापस लौटने का कार्यक्रम था। सत्संग के बाद स्वामी जी ने दर्शन देने की मौज फरमाई। सत्संग मैदान बहुत बड़ा है। भाई बहनों की कतारें दर्शन हेतु दूर-दूर तक लग गई थी। स्वामी जी आ गए और पंक्तियों में बैठे नर नारियों के सिर पर हाथ रखते हुए दर्शन देने लगे। हम लोगों की पंक्ति काफी दूरी पर थी – जहां तक पहुंचने के लिए स्वामी जी को आधा -पौन घंटे का समय लग जाना था।

मैं तथा बहनें पंक्ति में बैठकर प्रतीक्षा कर रहे थे, तभी बस के अन्य कुछ लोग व मेरे भाई ने आकर हमसे कहा, कि बस तैयार खड़ी है तथा बस ड्राइवर और कुछ यात्री जल्दी चलने के लिए शोर मचा रहे हैं। हमारा मन बिना दर्शन किए जाने को तैयार नहीं था, लेकिन सबके बहुत कहने पर, हम मन मार कर उठ गए, और उदास मन से स्वामी जी की ओर दूर से ही हाथ जोड़कर प्रणाम किया और चले आए। बस तैयार खड़ी थी और हमारा सामान भी बस में लाद दिया गया था।

हमारा मन बहुत परेशान था, कि वापस जाते समय स्वामी जी के दर्शन पास से नहीं हो सके। बस के कुछ लोगों ने देरी के लिए हम लोगों को काफी खरी खोटी सुनाई। फिर बस रवाना हो गई।

पीलीभीत लौटते समय मथुरा का यमुना पुल पार करना पड़ता था। पुल से पार होते ही बस का अगला हिस्सा आगे जा रहे एक टेंपो से टकरा गया। कुछ नुकसान तो नहीं हुआ, पर टेंपो वाले ड्राइवर ने बस के आगे टेंपो खड़ा करके बस रोक ली और मार्ग में आने वाले सभी टेंपो को रोक लिया। बहुत दूर तक टेंपो की कतारें लग गईं। बड़ी भयावह स्थिति उत्पन्न हो गई। बस के ड्राइवर की वे लोग पिटाई करने लगे और ड्राइवर को बचाने के लिए जो लोग बस में से नीचे उतर कर गए, उनकी भी पिटाई उन लोगों ने कर दी। जिससे सभी भयभीत होकर बस में आकर बैठ गए। टेंपो के ड्राइवरों ने अपने हाथ में लोहे की राड और सरिया ले रखे थे तथा कह रहे थे, कि बस में आग लगा देंगे। हम सभी भयभीत थे और जोर-जोर से जय गुरुदेव बोल रहे थे। इसी बीच उस सूनसान सड़क पर एक व्यक्ति सायकिल से पुलिस की वर्दी में उधर आता हुआ दिखाई दिया। स्थिति को देखकर वह बस की तरफ आया और टेंपो के ड्राइवर से बात की, तथा समीप में स्थित थाने में चलने को कहा।

टैंपो वाले उसकी बात मान गए। तब हम लोगों की सांस में सांस आई। उस समय हमें ऐसा लगा, जैसे स्वामी जी ने कोई देवदूत हमारी रक्षा के लिए भेज दिया हो। वह अपनी साइकिल से आगे आगे चला और पीछे-पीछे हमारी बस व टेंपो उस थाने में पहुंचे –जहां काफी देर बातचीत के बाद हमारी बस पीलीभीत की ओर सायंकाल ही रवाना हो सकी।

हमने सोचा कि यदि बस ड्राइवर और बस यात्री आधा पौन घंटा आश्रम पर रुककर इंतजार कर लेते और हम स्वामी जी के दर्शन कर लेते, तो शायद इतना समय तक रुक कर मुसीबत न झेलनी पड़ती।

जीवन दान

स्वामी जी की अपार दया दृष्टि सदैव हम सभी सत्संगी बच्चों पर रहती थी। एक बार स्वामी जी की अद्भुत कृपा का अनुभव हमारे पूरे परिवार ने किया। जिसको सभी के साथ साझा करना मैं अति आवश्यक समझती हूं।

पीलीभीत में हमारे घर के पीछे बने छोटे से घर में एक चतुर्थ श्रेणी कर्मचारी का परिवार रहा करता था। परिवार की मुखिया एक महिला थी, जो हमारे तथा अन्य एक दो परिवारों में कपड़े धोने का काम करती थी। उसके पति का निधन काफी पहले ही हो चुका था। महिला का नाम था सुदामा। उसका अधिकांश समय हमारे घरों पर ही बीतता था।

एक बार वह बहुत अधिक बीमार पड़ गई। मैं और मेरी बहन उसे देखने गए, तो उसकी हालत काफी गंभीर लगी। उसके बच्चे पास में खड़े होकर रो रहे थे। हमें याद आया कि स्वामी जी अपने सत्संग में अनेक बार बताते हैं कि यदि किसी की हालत में सुधार न हो रहा हो या वह अचेत हो जाए, तो उसके मुख में कुछ चीनी के दाने डालकर उसके कानों में 10 बार जय गुरुदेव नाम प्रभु का बोलना तब मैं मिलूंगा।

वह परिवार सत्संगी नहीं था। हमने सोचा कि यह लोग सत्संगी तो हैं नहीं। पता नहीं फायदा होगा कि नहीं। अंततः हमने उनके बच्चों से कहा, यदि तुम लोग चाहो, तो ऐसा कर लो। बच्चों ने हमारी बात तुरंत मान ली। हम लोग देर हो जाने के कारण घर पर चले आए और सोच रहे थे, कि ना जाने क्या हुआ होगा।

अगले दिन हमने जब डरते डरते उसका हाल पूछा, तो बच्चों ने बड़ी खुशी से बताया, कि दीदी आपने जो बताया था, हमने वैसा ही किया और मम्मी अब बहुत ठीक हैं। हमें विश्वास नहीं हुआ, कि असंभव लगने वाली बात कैसे संभव हो गई।

हम लोग उसके घर पहुंचे और वहां जाकर देखा, कि वह महिला काफी ठीक थी और बिस्तर पर बैठी थी। हमने हाथ जोड़कर मालिक को बहुत-बहुत प्रणाम किया। स्वामी जी ने अपने बच्चों की बात को सत्य करके दिखा दिया।

उस दिन के बाद वह महिला कई वर्ष तक जीवित रही। वह पूर्ण शाकाहारी हो गई थी तथा हम लोगों के पास बैठकर स्वामी जी की बातें करती रहती थी।

मालिक अपने बच्चों की रक्षा ही नहीं करते, बल्कि उनकी बात की भी लाज रखते हैं। ऐसा हमने अनेक बार अनुभव किया है।

अद्भुत कृपा

मथुरा आश्रम पर हम लोगों का वर्ष में चार या पांच बार जाना हो जाया करता था। जब भी दो-चार दिन की छुट्टी पड़ती, तो हम स्वामी जी के दर्शन करने पहुंच जाया करते थे। एक बार दशहरे की छुट्टियों में हम मां तथा बहनें मथुरा पहुंचे। कार्यक्रम के अतिरिक्त अन्य दिनों में रावटी, व टेंट न लगने के कारण आश्रम के अंदर लगे गिने-चुने टेंटों में ही सत्संगी जन रुका करते थे। हम लोग इन टेंटों में स्थान न मिल पाने के कारण आश्रम के बाहर मंदिर के बायीं ओर बनी, शर्मा जी की धर्मशाला में रुक जाया करते थे। उस बार भी हम वहीं रुके थे। प्रातः काल मैं अपनी नित्य साधना में बैठी ही थी, कि शोर सुनाई दिया - स्वामी जी की गाड़ी मंदिर के पास है और स्वामी जी दर्शन दे रहे हैं। धर्मशाला में रुके सभी लोग तथा मेरी मां तथा बहनें व भाई भाग कर दर्शन करने मंदिर के पास पहुंच गए। मैं सुमिरन कर रही थी। आवाज मेरे कानों में भी पड़ी। मैं परेशान हो उठी, कि स्वामी जी की गाड़ी निकल जाएगी। सुमिरन बीच में छोड़कर उठ जाना मैंने उचित नहीं समझा, और मैं जल्दी-जल्दी सुमिरन करने लगी। मैंने मन ही मन प्रार्थना की कि हे स्वामी जी मेरा सुमिरन पूर्ण हो जाए, तब ही आप जाना। जिससे मुझे भी दर्शन मिल सकें।

सुमिरन समाप्त होने पर मैंने माला जल्दी से एक ओर रखी और दौड़कर धर्मशाला से बाहर निकली। मुझे लगा कि स्वामी जी चले गए होंगे, पर यह देखकर मेरे आश्चर्य की कोई सीमा ना रही कि स्वामी जी ने मंदिर के पास अपनी गाड़ी रुकवा दी थी और सबको दर्शन दे रहे थे। धर्मशाला से मंदिर कुछ दूरी पर था। मैं भाग कर मंदिर के पास वाली सड़क पर पहुंच गई। तभी स्वामी जी की गाड़ी धीरे-धीरे चलती हुई मेरे पास तक पहुंच गई। मैंने बहुत अच्छी तरह से स्वामी जी के दर्शन किए। मेरा मन इस गुरु कृपा को पाकर धन्य हो गया मेरी आंखों से अश्रु धारा बह चली कि मालिक हम मलिनजन पर भी कितनी कृपा दृष्टि रखते हैं और पल-पल उन्हें हमारी खबर रहती है।

प्रार्थना - 01

मन तू भजो गुरु का नाम,

दया मेहर से नर, तन पायो, मत करना अभिमान।

एक दिन खाली पड़ा रहेगा, जाय बसे शमशान।

जो धन तुझको दिया गुरु ने, इससे कर कछु काम।

अंत समय यूं ही लुट जाएगा, संग न जाए छदाम।

यह संसार रैन का सुपना, आय किया विश्राम।

चार दिना के संगी सब हैं, अंत ना आवे काम,

ताते चेत करो सतसंगति, भजन करो आठों याम।

यही भजन तेरे संग चलेगा, पावेगा आराम।

दया मेहर सतगुरु से लेकर, चलो त्रिकुटी धाम।

काल करम के बंधन छूटे, मिले पुरुष सतनाम।

मन तू भजो गुरु का नाम।

प्रार्थना - 02

जाग री मेरी सुरत सुहागन जाग री।
क्या तुम सोवत मोह नींद में,
उठि के भजनिया में लाग री।
चित दे शब्द सुनो सरबन से,
उठत मधुर धुन राग री।
दोउ कर जोरि, शीस चरनन दे,
भक्ति अचल वर मांग री।
कहत कबीर सुनो भाई साधो,
जगत पीठ दे भाग री।

प्रार्थना - 03

मेरे प्यारे गुरु दातार मंगता द्वारे खड़ा।
मैं रहा पुकार पुकार मेहर कर देखो जरा।
मोहे दीजे भक्ति दान, काल दुख बहुत दिया।
मेरे तड़प उठी हिय मांहि, दरस को तरस रहा।
बरसाओ घटा अपार, प्रेम रंग दीजे बहा।
सुरत भीजे अमी रसधार, तन मन होवे हरा।
मेरा जीवन सफल होई जाए, तुम गुन गाऊं सदा
मैं नीच अधम नाकार, तुमरे द्वारे खड़ा।
मेरी विनती सुनो घर प्यार, घट उमगावो दया।
स्वामी जी पिता हमार, जल्दी पार करो।
स्वामी जी पिता हमार, जल्दी पार किया।
मेरे प्यारे गुरु दातार, मंगता द्वारे खड़ा।
मैं रहा पुकार पुकार, मेहर कर देखो जरा।।

प्रार्थना - 04

धाम अपने चलो भाई । पराये देश क्यों रहना ।।

काम अपना करो जाई । पराये काम नहिं फंसना ।।

नाम गुरु का संभाले चल । यही है दाम गंठ बंधना ।।

जगत का रंग सब मैला । धुला ले मान यह कहना ।।

भोग संसार कोई दिन के । सहज में त्यागते चलना ।।

सरन सतगुरु गहो दृढ़ कर । करो यह काज पिल रहना ।।

सुरत मन धाम अब घट में । पकड़ धुन ध्यान धर गगना ।।

फंसे तुम जाल में भारी । बिना इस जुक्ति नहिं खुलना ।।

गुरु अब दया कर कहते । मान यह बात चित्त धरना ।।

भटक में क्यों उमर खोते । कहीं नहिं ठीक तुम लगना ।।

बसो तुम आए नैनन में । सिमट कर एक यहं होना ।।

दुई यहं दूर हो जावे । दृष्टि जोत में धरना ।।

श्याम तज सेत को गहना । सुरत को तान धुन सुनना ।।

बंक के द्वार धंस बैठो । तिरकुटी जाय कर लेना ।।

सुन्न चढ़ जा धसो भाई । सुरत से मानसर न्हाना ।।

महासुन चौक अंधियारा । यहां से जा गुफा बसना ।।

लोक चौथे चलो सज के । गहो वहं जाय धुन बीना ।।

अलख और अगम के पारा । अजब इक महल दिखलाना ।।

वहीं सतगुरु से मिलना । हुआ मन आज अति मगना ।।

संस्मरण के समस्त फोटो सौजन्य से –
मुकेश कुमार, मनोज कुमार एवं साकेत कुमार